La Grèce antique

Un guide des dieux, déesses, divinités, titans et héros de la Grèce classique : Zeus, Poséidon, Apollon et plus encore (Livre pour jeunes lecteurs et étudiants)

Par Student Press Books

Table des matières

Introduction

Rencontrez les dieux de la Grèce antique — Mythologie pour les 12 ans et plus.

Bienvenue dans la série Une mythologie passionnante. Ce livre vous présente les **dieux, déesses, divinités, titans** et autres créatures mythologiques de la Grèce antique. Il contient les portraits des dieux, déesses, demi-dieux, divinités, titans et héros les plus courants de la Grèce antique.

Zeus, père des dieux et des déesses. Hermès, le rapide messager de Zeus. Aphrodite... entrez dans le monde de la mythologie grecque antique. Les dieux sont des divinités sacrées qui, pour beaucoup d'entre nous, représentent un pouvoir divin ultime dans le monde.

Les histoires que nous connaissons aujourd'hui proviennent d'écrivains et d'artistes qui ont vécu il y a des siècles, et ils ont souvent raconté leurs histoires avec des personnages étranges et des rebondissements surprenants. Ce livre aborde certaines de ces bizarreries, tout en vous aidant à faire connaissance avec vos divinités préférées. Le monde d'aujourd'hui est différent, et ce livre vous parlera dans un langage simple des dieux, déesses, divinités, titans de la Grèce antique. Les dieux sont les êtres les plus puissants de l'antiquité !

Il n'est pas facile de se familiariser rapidement avec le monde complexe des dieux et déesses de la Grèce antique. Les explications concises du livre sont accompagnées d'illustrations qui donnent à réfléchir, ce qui permet de se souvenir facilement des petits détails que votre professeur vous a enseignés en classe !

C'est une chose de savoir qui sont les nombreuses divinités différentes, mais comprendre leur importance, c'est tout autre chose ! Heureusement, ce livre vous facilitera la tâche !

Ce livre de la série Une mythologie passionnante recouvre :

- Mythologie grecque — Découvrez les croyances des Grecs anciens sur la mort, l'au-delà, les sacrifices, les temples et les immortels.

- La genèse fascinante des dieux grecs — Découvrez ces dieux et déesses et leurs pouvoirs.
- Des portraits vivants — Donnez vie à ces dieux dans votre imagination grâce à des images attrayantes.

À propos de la série : La série Une mythologie passionnante de **Student Press Books** offre des perspectives nouvelles sur les dieux anciens, qui inviteront les jeunes lecteurs à réfléchir à leur place dans la société, et à découvrir l'histoire.

Votre cadeau

Vous avez un livre dans les mains.

Ce n'est pas n'importe quel livre, c'est un livre de Student Press Books !
Nous écrivons sur les héros noirs, les femmes qui prennent le pouvoir, la
mythologie, la philosophie, l'histoire et d'autres sujets intéressants !

Puisque vous avez acheté un livre, nous voulons que vous en ayez un
autre gratuitement.

Tout ce dont vous avez besoin, c'est d'une adresse électronique et de la
possibilité de vous abonner à notre newsletter (ce qui signifie que vous
pouvez vous désabonner à tout moment).

Alors, qu'attendez-vous ? Inscrivez-vous dès aujourd'hui et recevez votre
livre gratuit instantanément ! Tout ce que vous avez à faire est de visiter
le lien ci-dessous et d'entrer votre adresse e-mail. Vous recevrez
immédiatement le lien pour télécharger la version PDF du livre afin de
pouvoir le lire hors ligne à tout moment.

Et ne vous inquiétez pas, il n'y a pas d'attrape ou de frais cachés, juste un
bon vieux cadeau de notre part ici à Student Press Books.

Visitez ce lien dès maintenant et inscrivez-vous pour recevoir votre
exemplaire gratuit de l'un de nos livres !

Lien : https://campsite.bio/studentpressbooks

Mythologie grecque

Cet ensemble d'histoires de la Grèce antique comprend de nombreux récits sur les dieux et la nature de l'univers. Les histoires racontées par des poètes tels qu'Homère et Hésiode constituaient une part importante de la vision religieuse du monde des Grecs anciens. Cependant, la mythologie grecque et la religion ne sont pas exactement la même chose. La religion grecque était constituée des croyances et pratiques religieuses, telles que les prières et les rituels, des Grecs de l'Antiquité.

Les coutumes religieuses de la Grèce antique variaient considérablement d'un endroit à l'autre et entre les différentes classes. Cependant, la religion grecque se caractérisait par deux traits : la croyance en une multitude de dieux à l'apparence humaine sous l'égide d'un dieu suprême et l'absence de dogmes - des choses qu'une personne doit croire pour être considérée comme pieuse. Dans certaines religions, il faut avoir certaines croyances pour être membre de la foi. Dans la Grèce antique, il suffisait de croire que les dieux existaient et d'accomplir les rituels et les sacrifices qui les honoraient. La religion n'était pas fondée sur un texte sacré.

Les origines de la religion grecque remontent à des temps très anciens. Le dieu du ciel Zeus, par exemple, était vénéré dès le deuxième millénaire avant Jésus-Christ. Toutefois, la forme établie de la religion a duré de l'époque du poète Homère (vers le 9e ou le 8e siècle avant J.-C.) jusqu'au 4e siècle de notre ère, lorsque la religion grecque a commencé à être éclipsée par celle de la Rome impériale.

Lorsque les Grecs disposaient d'un grand nombre d'avant-postes coloniaux, leur religion s'est répandue aussi loin à l'ouest que l'Espagne et aussi loin à l'est que le fleuve Indus en Asie du Sud. La religion grecque a eu une grande influence sur la religion romaine, et les Romains ont identifié nombre de leurs dieux avec les dieux grecs. Certains héros et divinités grecs ont également survécu plus tard en tant que saints sous le christianisme. Lorsque l'art et la littérature grecs ont été redécouverts pendant la Renaissance européenne, les artistes et écrivains occidentaux ont intégré la mythologie grecque dans leurs œuvres. Ainsi, la religion de la Grèce antique a eu un impact considérable sur la culture occidentale.

Les dieux grecs

Les Grecs anciens comptaient de nombreux dieux qui incarnaient ou contrôlaient diverses forces naturelles et sociales. Par exemple, le dieu Poséidon personnifiait la mer et régnait sur elle. Aphrodite, la déesse de l'amour, pouvait remplir ses adorateurs d'amour. Les domaines d'autres divinités comprenaient la guerre, la musique, le feu, les saisons, la justice et l'accouchement, pour n'en citer que quelques-uns.

Le panthéon grec était dominé par une famille de 12 dieux principaux qui vivaient sur le mont Olympe. Les principaux dieux de l'Olympe étaient Zeus, le dieu suprême, Héra, son épouse, Aphrodite, Apollon, Arès, Artémis, Athéna, Déméter, Héphaïstos, Hermès, Hestia et Poséidon. D'autres divinités majeures, telles que Dionysos, étaient également considérées comme des dieux olympiens. La plupart des histoires racontées sur ces dieux leur attribuent des désirs et des actions de type humain, même s'ils étaient immortels et possédaient souvent de grands pouvoirs.

Il y avait aussi d'autres types de dieux. Si les paysans des communautés rurales pouvaient offrir des sacrifices aux dieux de l'Olympe, beaucoup d'entre eux étaient en fait plus liés aux dieux ruraux tels que Pan, aux nymphes et aux esprits de la nature. Les autres divinités vénérées dans la Grèce antique étaient les dieux chthoniens, c'est-à-dire les dieux qui contrôlaient le monde souterrain, les morts et la fertilité de la terre.

La mort et l'après-vie

Dans la croyance grecque antique, pour qu'une personne décédée ait une vie après la mort, son corps devait recevoir au moins une sépulture rudimentaire. Le dieu Hermès conduisait alors les morts aux enfers. Le fleuve Styx, cependant, empêchait les morts de passer.

Un passeur, Charon, les faisait traverser et des pièces de monnaie étaient placées dans la bouche des cadavres pour payer son passage. Les enfers étaient souvent appelés Hadès, car c'était le royaume du dieu Hadès.

Dans les premiers temps, la vie après la mort était considérée comme une existence sans joie et sombre, bien que le monde souterrain ne soit pas un lieu de punition pour la plupart. Seuls quelques rares pécheurs, tels qu'Ixion, Sisyphe et Tantale, qui avaient personnellement offensé les dieux, y étaient punis. Cependant, seuls quelques rares héros que les dieux favorisaient étaient autorisés à entrer dans le paradis connu sous le nom d'Elysium. Plus tard, on pensait généralement que toute personne menant une vie vertueuse pouvait accéder à l'Élysée.

Les sacrifices dans la Grèce antique

La principale façon dont les Grecs anciens tentaient d'établir de bonnes relations avec les dieux était de sacrifier des animaux (ou parfois des produits agricoles). Les sacrifices étaient offerts aux dieux de l'Olympe à l'aube sur un autel, qui se trouvait normalement à l'extérieur du temple. Un sacrifice représentait un cadeau pour les dieux, aussi les animaux à sacrifier devaient-ils être sans tache. Des prières étaient prononcées, des rites exécutés, puis l'animal était tué et placé sur le feu.

Certaines parties étaient brûlées et offertes aux dieux. Le prêtre et les fidèles mangeaient le reste de la viande lors d'un repas joyeux. Différents animaux étaient offerts à diverses divinités, par exemple les vaches à Héra, les taureaux à Zeus et les porcs à Déméter. Des offrandes de produits agricoles tels que des céréales, des légumes ou des fruits étaient faites à certains dieux.

Des sacrifices étaient aussi faits aux dieux chthoniens. Ces sacrifices étaient constitués d'animaux noirs et avaient lieu le soir. En raison du danger inhérent aux dieux chthoniens, l'animal entier était offert en sacrifice et aucun n'était mangé.

Tout individu pouvait effectuer des sacrifices aux dieux à tout moment de l'année. En outre, des sacrifices publics étaient régulièrement organisés lors de divers festivals en l'honneur des différents dieux. Lors de ces festivals, tous les citoyens d'une ville ou d'un village pouvaient se recueillir et sacrifier ensemble. Ces festivals étaient souvent l'occasion de processions et de rituels, ainsi que de simulations de combats et de compétitions athlétiques.

Temples et sanctuaires en Grèce antique

Au tout début, les dieux étaient généralement vénérés dans des lieux naturels impressionnants tels que des bosquets, des grottes et des sommets de montagne. De simples temples en bois qui abritaient la statue d'un dieu étaient connus à l'époque d'Homère. Plus tard, les temples étaient faits de calcaire et de marbre et comportaient des colonnes de tous les côtés. Une statue du dieu était placée à l'intérieur.

Des sanctuaires se trouvaient également près des nombreux oracles - des lieux où les gens consultaient un dieu et posaient des questions sur l'avenir. Dans beaucoup d'entre eux, des voyants spéciaux révélaient les réponses du dieu. Le sanctuaire oraculaire le plus célèbre était celui d'Apollon à Delphes.

Des sanctuaires moins élaborés étaient situés sur les tombes de certains hommes considérés comme des héros. Homère a répandu le concept du héros - celui qui était le plus grand des guerriers mortels. On croyait que les héros morts pouvaient aider les habitants de la ville dans laquelle ils étaient enterrés. Des sacrifices adaptés aux dieux chthoniens étaient offerts sur les tombes de ces hommes.

De nombreuses religions secrètes appelées religions à mystères se sont également développées dans la Grèce antique (et ailleurs dans l'ancienne Méditerranée). Les rites de ces religions n'étaient révélés qu'à leurs membres, qui devaient être initiés à la religion, souvent par étapes. Les religions à mystères offraient une relation plus personnelle avec le divin que le culte établi des dieux de l'Olympe.

Nombre d'entre elles promettaient à leurs membres un salut personnel et des avantages dans l'au-delà. Elles offraient également un sens de la communauté : les membres se réunissaient secrètement pour participer à des repas, des danses et des cérémonies communes, notamment des rites d'initiation. Les religions à mystères ont atteint le sommet de leur popularité en Grèce au cours des trois premiers siècles de notre ère.

La religion à mystères la plus célèbre était les mystères éleusiniens, dans la ville d'Éleusis, à l'ouest d'Athènes. Les cérémonies éleusiniennes étaient centrées sur l'histoire de Déméter, la déesse du grain, et mettaient en évidence les parallèles entre le cycle de croissance du grain et le cycle de vie des humains. Dans le cadre des mystères dionysiaques, le dieu Dionysos était largement vénéré lors de fêtes où l'on buvait du vin, chantait en chœur, pratiquait des activités sexuelles et mimait. Le mouvement orphique se fondait sur les écrits sacrés du héros Orphée sur la purification des péchés, les récompenses et les punitions dans l'au-delà. Il exigeait de ses membres qu'ils restent chastes et renoncent à la viande et au vin.

Immortels

Principaux dieux et déesses

Aphrodite

La déesse de l'amour, de la beauté et de la fertilité.

Aphrodite était l'un des 12 dieux principaux qui vivaient sur le mont Olympe. Dans l'Iliade d'Homère, on dit qu'Aphrodite est la fille de Zeus et de Dione, un Titan. D'autres récits racontent qu'elle a surgi, à l'âge adulte, de l'écume de la mer près de l'île de Cythère. (Aphros signifie "écume" en grec).

De là, Zéphyrus, le vent d'ouest, la porta doucement sur un coquillage jusqu'à Chypre. Là, les Horae (les Saisons) la rencontrèrent, la vêtirent et l'amenèrent aux dieux.

Tous les dieux, jusqu'à Zeus lui-même, voulaient prendre cette belle déesse pour épouse. Certaines histoires racontent qu'Aphrodite était trop fière et les a tous rejetés.

Pour la punir, Zeus lui fit épouser Héphaïstos, le dieu boiteux et laid de la forge. Cet artisan au caractère bien trempé lui construit un splendide palais à Chypre.

Aphrodite eut de nombreux amants, dont Arès, le beau dieu de la guerre. Ses enfants avec Arès étaient Harmonia, les jumeaux guerriers Phobos et Deimos, et Eros, le dieu ailé de l'amour.

Toujours prête à aider les amoureux en détresse, Aphrodite était tout aussi prompte à punir ceux qui résistaient à l'appel de l'amour. Eros tirait des flèches d'or dans le cœur de ceux que sa mère voulait unir par le mariage. Aphrodite possédait également une gaine magique qui rendait son porteur irrésistible, et elle la prêtait parfois à d'autres.

Plusieurs fois, elle s'est moquée de Zeus et des autres dieux en les faisant tomber amoureux de jeunes filles mortelles. A cause de cela, Zeus décréta qu'elle devait tomber amoureuse d'Anchise, un berger de Troie. De cette union naquit Énée, l'ancêtre mythique du peuple romain.

Un autre mythe célèbre impliquant Aphrodite raconte le jugement de Pâris. Lors d'une fête de mariage, la déesse Eris (dont le nom signifie "dispute") jeta une pomme d'or portant l'inscription "A la plus belle". Trois déesses - Héra, Athéna et Aphrodite - prétendirent être la plus belle et mériter ainsi la pomme.

Pour régler la question, Zeus demanda à Pâris de Troie de juger laquelle des trois était la plus belle. Toutes trois essayèrent de le corrompre avec des cadeaux : Héra avec le pouvoir royal, Athéna avec la puissance militaire, et Aphrodite avec l'amour de la plus belle femme.

Paris a donné la pomme à Aphrodite. En retour, elle l'aida à arracher la belle Hélène à son mari, le roi de Sparte. Cela a conduit au déclenchement de la guerre de Troie.

Aphrodite était principalement vénérée comme la déesse de l'amour humain et de la fertilité. Elle était également largement vénérée en tant que déesse de la nature. Comme elle venait de la mer, les marins la priaient de calmer le vent et les vagues. Les principaux centres de son culte se trouvaient à Chypre et à Cythère.

Les poètes de la Grèce antique ont souvent chanté les louanges de la déesse de l'amour. Les sculpteurs classiques ont sculpté d'innombrables figures d'Aphrodite. La statue d'Aphrodite la plus célèbre de l'Antiquité est celle que Praxitèle a sculptée à Cnide, sur la côte d'Asie Mineure.

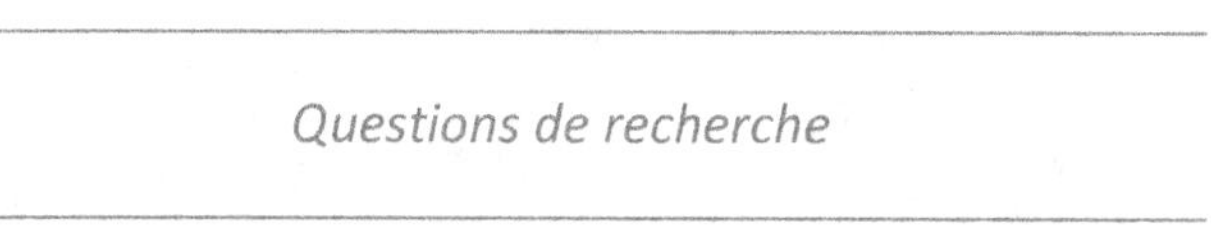

Questions de recherche

1. Quel était l'instrument préféré d'Aphrodite ?
2. Quelle est, selon vous, la chose la plus marquante à propos d'Aphrodite et de sa mythologie ?
3. Quel est votre dieu grec préféré ?

Apollo

Le dieu de la lumière, de la jeunesse, de la beauté, de la poésie et de la musique.

L'empereur Auguste en a fait l'un des principaux dieux de Rome. Apollon était avant tout considéré comme un dieu guérisseur par les Romains, qui ont commencé à le vénérer lors d'une épidémie vers 431 av. L'empereur Auguste a ensuite fait de lui l'un des principaux dieux de Rome. L'empereur le considérait comme sa divinité protectrice et fit construire un magnifique temple en son honneur.

Apollon était l'un des dieux les plus vénérés et les plus influents. Il avait de nombreux rôles. Lors des banquets organisés sur le mont Olympe, il charmait les dieux en jouant de la lyre, un instrument de musique ressemblant à une harpe.

Apollon était également vénéré comme le gardien de la santé, des récoltes et des troupeaux d'animaux. Plus tard, par confusion avec Hélios, il a été considéré comme le dieu du soleil.

Apollon était également le dieu de la prophétie, et on disait de lui qu'il révélait l'avenir aux humains grâce à son oracle de Delphes. Dans ce rôle et dans d'autres, il était associé à la crainte et à la terreur inspirées par les dieux et la grande distance qui les séparait des humains. Il utilisait son arc d'argent et ses flèches d'or pour frapper ses cibles de loin.

Apollon communiquait la volonté de Zeus et présidait au droit religieux et civil. Il rendait également les gens conscients de leur culpabilité et les en purifiait. On dit que même les autres dieux le craignaient.

Apollon était le fils de Zeus et de la Titane Léto et était le frère jumeau d'Artémis. On dit qu'il est né sur l'île de Délos, dans la mer Égée.

L'une des premières actions du jeune Apollon fut de tuer le serpent mortel Python. Aucun humain n'osait s'approcher de la bête, qui vivait sur les pentes du mont Parnasse, en Grèce centrale. Apollon utilisa son arc et ses flèches pour tuer Python.

Le lieu où Apollon tua le serpent fut rebaptisé Delphes, et c'est là que le dieu établit le plus célèbre de ses oracles. À Delphes, sa prêtresse faisait connaître l'avenir à ceux qui la consultaient. Sous l'inspiration d'Apollon, elle donnait des conseils en matière de maladie, de guerre et de paix, et de construction de colonies. Pour ce faire, elle entrait en transe, et les mots et les sons qu'elle prononçait alors étaient interprétés par des prêtres.

En souvenir de sa victoire sur Python, Apollon aurait lancé les jeux pythiques, qui se tenaient à Delphes tous les quatre ans. Les vainqueurs des compétitions musicales et athlétiques étaient couronnés de couronnes de feuilles de laurier, qui étaient associées à Apollon en raison d'un mythe concernant l'une de ses amours.

Lorsqu'Apollon poursuivit la chaste nymphe Daphné, celle-ci s'enfuit et pria son père, un dieu des rivières, de l'aider. Pour la sauver d'Apollon, son père la transforma en laurier. Par la suite, tous les lauriers ont été sacrés pour Apollon. De nombreux autres amours du dieu se sont également terminés en tragédie.

Lorsque Cassandre a rejeté ses avances, il l'a maudite pour qu'elle fasse des prophéties que personne ne croirait. Lorsque son amante Coronis lui a été infidèle, il a demandé à Artémis de la tuer d'une flèche. Par Coronis, Apollon était le père d'Asclépios, le dieu de la médecine.

Apollon était généralement représenté par les artistes de l'Antiquité sous les traits d'un beau jeune homme aux longs cheveux, souvent noués au-dessus de son front, couronné d'une couronne de laurier et portant sa lyre ou son arc. Sa statue la plus célèbre est l'Apollon Belvédère, copie romaine d'un original grec en bronze, qui se trouve au musée du Vatican à Rome.

Questions de recherche

1. Qui préférez-vous, Apollon ou Hermès ?
2. Avec quel dieu ou déesse voudrais-tu être ami(e) ?
3. Si vous pouviez changer une chose à propos des dieux et déesses grecs, quelle serait-elle ?

Ares
Le dieu de la guerre

Ares était associé au dieu romain Mars.

Arès était l'une des 12 divinités majeures qui vivaient sur le mont Olympe. Il était souvent représenté dans l'art comme un guerrier, portant une lance et portant un casque et une armure. Arès représentait les aspects sauvages, sanglants et destructeurs de la bataille, par opposition aux aspects plus civilisés de la stratégie militaire, de l'habileté et de la justice représentés par la déesse de la guerre Athéna.

Arès n'a jamais été un dieu très populaire et n'a pas fait l'objet d'un grand culte. Selon les poètes grecs à partir d'Homère, il n'était pas apprécié des autres dieux, y compris de ses parents, Zeus et Héra. Il était accompagné au combat par ses enfants Phobos (dont le nom signifie "panique") et Deimos ("déroute") et sa sœur Eris ("dispute").

Il n'y a pas beaucoup de mythes sur Ares. On dit qu'il était physiquement fort, féroce et beau. Il était l'amant d'Aphrodite, la déesse de l'amour, qui était mariée à Héphaïstos, le dieu boiteux de la forge. Un jour, Hélios, le dieu du soleil qui voit tout, a vu les deux amants ensemble et l'a dit à Héphaïstos.

Pour les attraper, Héphaïstos a fabriqué un filet invisible de chaînes au-dessus de son lit. Lorsque Arès et Aphrodite furent pris au piège dans le filet, Héphaïstos, furieux, fit appel aux autres dieux, qui se moquèrent du spectacle.

Arès et Aphrodite ont eu plusieurs enfants : Phobos, Deimos, Harmonia, et Eros, le dieu de l'amour. Avec d'autres déesses et des femmes mortelles, il eut de nombreux autres enfants, dont au moins trois des adversaires du héros Héraclès : Cycnus, Lycaon, et Diomède de Thrace.

Questions de recherche

1. Avez-vous déjà été lié à l'un des dieux ?
2. À votre avis, quelle était leur substance préférée sur Terre ?
3. Tu crois qu'un des dieux avait un sens de l'humour un peu fou ?

Artemis
La déesse de la chasse, des animaux sauvages et de la végétation

Sur les statues et les peintures, Artémis était souvent représentée avec un cerf ou un chien de chasse, un arc et un carquois de flèches. On dit qu'elle danse dans les montagnes, les forêts et les marais, généralement en compagnie de ses accompagnatrices, qui sont des nymphes. Artémis était la fille de Zeus et de Léto, une Titane, et la sœur jumelle d'Apollon.

Parce que Léto a mis au monde Artémis sans connaître les douleurs de l'accouchement, Artémis était aussi la protectrice des femmes en travail. Dans certains mythes ultérieurs, elle était associée à la Lune (alors que son frère, Apollon, était associé au Soleil). Elle était l'un des 12 dieux principaux qui vivaient sur le mont Olympe.

Artémis était éternellement vierge, et elle exigeait un prix élevé de ses servantes qui rompaient leur vœu de chasteté. Certains mythes racontent que, lorsque Zeus découvrit qu'une servante nommée Callisto était enceinte, Artémis la transforma en ourse et se mit à la chasser.

Callisto ne fut sauvée que par Zeus qui l'emmena dans les cieux (ou, dans certains récits, elle fut tuée par Artémis). Quoi qu'il en soit, Callisto a été placée dans les cieux sous la forme d'une constellation d'étoiles, Ursa Major, qui signifie "Grande Ourse" en latin. "

Une histoire d'Artémis fréquemment représentée dans l'art et la poésie nous vient des Métamorphoses d'Ovide. Dans ce conte, le jeune homme Actéon aperçoit par hasard Artémis alors qu'elle se baigne.

Artémis le changea en cerf, et ses propres chiens le poursuivirent et le tuèrent. (Dans une autre version, il offensa Artémis en se vantant que ses talents de chasseur surpassaient les siens). La colère d'Artémis peut être considérée comme une métaphore de l'hostilité de la nature sauvage envers les humains.

Artémis était la déesse préférée des habitants des zones rurales. Dans le Péloponnèse, elle était vénérée comme une déesse de la végétation ; là, des jeunes filles représentant des nymphes arboricoles (dryades) dansaient en l'honneur de la vierge chasseuse.

On dit aussi qu'Artémis gouverne les lacs et autres eaux, en compagnie de nymphes aquatiques (naïades). En dehors du Péloponnèse, Artémis portait plus souvent le titre de maîtresse des animaux et était surtout la protectrice des jeunes animaux.

1. Quel est le dieu grec que vous préférez le moins ou le moins impressionnant, et pourquoi ?
2. Quelle est l'intelligence de ce dieu qui est souvent négligée ?
3. Qui était le plus puissant, à votre avis ?

Athena
La déesse de la guerre, de la sagesse et de l'artisanat

Souvent appelée Pallas Athéna, ou simplement Pallas. Elle était l'un des plus puissants des 12 dieux principaux qui régnaient sur le mont Olympe.

Selon la mythologie, Athéna était l'enfant préférée de Zeus. On dit qu'elle est sortie de sa tête à l'âge adulte et vêtue d'une armure. La déesse était généralement représentée coiffée d'un casque et portant une lance et un bouclier.

Comme son père, elle portait également l'égide magique, un plastron en peau de chèvre, frangé de serpents, qui produisait des éclairs lorsqu'il était secoué. Athéna était associée au serpent et à la chouette. Habituellement représentée comme une déesse vierge, elle n'avait pas d'enfants.

Athéna était très différente du dieu de la guerre Arès, qui était associé à la fureur aveugle et aux aspects brutaux de la bataille. Déesse de la raison et de la guerre, elle représentait les aspects intellectuels et civilisés de la guerre - elle n'était pas tant une combattante qu'une conseillère militaire sage et prudente. Elle était également associée à la justice, à la gloire et à l'habileté au combat.

Athéna était sage non seulement dans les arts de la guerre mais aussi dans les arts de la paix - les arts de la civilisation. Elle aurait inventé la charrue et appris aux hommes à atteler les bœufs.

Contrairement à Artémis, qui était considérée comme une déesse des lieux sauvages et ruraux, Athéna était considérée comme la protectrice des villes. Elle était la protectrice d'Athènes, en particulier. On dit que Zeus a décrété que la ville devait être donnée au dieu qui offrait le cadeau le plus utile au peuple.

Poséidon leur donna une source d'eau saumâtre (ou, dans certains mythes, le cheval). Athéna frappa le sol nu avec sa lance et fit pousser un olivier. Les habitants furent si ravis de l'olive que Zeus offrit la ville à Athéna et lui donna son nom. Athéna est souvent représentée avec une branche d'olivier, symbole de paix et d'abondance.

Athéna était largement vénérée dans la Grèce antique, et des temples lui étaient dédiés dans de nombreuses cités grecques. Sur la colline de l'Acropole, les Athéniens lui ont construit un magnifique temple appelé le Parthénon (de parthenos, qui signifie "vierge"). Dans le temple se trouvait la statue d'ivoire et d'or appelée Athéna Parthénos, réalisée par le grand sculpteur grec Phidias.

Les Athéniens organisaient leur plus importante fête, les Panathénées, le jour considéré comme l'anniversaire de la déesse. Elle était célébrée par une procession, des sacrifices, des récitations de poèmes et des concours athlétiques et musicaux.

---

1. Comment était le mont Olympe ?
2. Si vous deviez choisir un dieu ou une déesse avec qui dîner, lequel ou lesquels et pourquoi ?
3. Qui est, selon vous, le dieu grec le plus surestimé ?

Demeter
La déesse de l'agriculture

Les Romains identifiaient leur déesse Cérès à Déméter.

Les céréales, en particulier, étaient associées à Déméter, mais elle était aussi la déesse mère de la végétation en général. Elle était également vénérée comme une déesse de la fertilité, de la naissance des enfants et du mariage. Dans l'art, Déméter était souvent représentée portant des gerbes de céréales ou un panier rempli de céréales, de fruits et de fleurs.

Déméter était la fille des Titans Cronus et Rhéa et la sœur d'Hestia, Héra, Hadès, Poséidon et Zeus. Par Zeus, Déméter était la mère de Perséphone.

Le mythe le plus connu de Déméter concerne la perte de sa fille. Hadès, le dieu des morts, s'empare de Perséphone et l'emmène dans les enfers pour en faire sa femme. Déméter a cherché sa fille pendant neuf jours avant d'apprendre ce qui s'était passé par Hélios, le dieu du soleil. Dans son désespoir et sa colère, Déméter rendit la terre stérile, refusant de laisser pousser des cultures tant que sa fille était absente. Déguisée en vieille femme, elle a erré dans le monde, vivant parmi les humains, pendant un an.

Finalement, pour sauver l'humanité de la famine, Zeus a fait en sorte qu'Hadès libère Perséphone, et Déméter a rétabli la fécondité de la terre. Cependant, comme Perséphone avait mangé de la nourriture - une graine de grenade - dans le monde souterrain, elle devait retourner sous terre pour vivre avec Hadès pendant un tiers de chaque année.

Ce mythe expliquerait le changement des saisons et le cycle annuel de la croissance des cultures. Le temps que Perséphone passait chaque année dans le monde souterrain aurait représenté l'hiver, lorsque la terre semble stérile. Elle serait retournée auprès de sa mère en surface chaque printemps, en même temps que la croissance des fleurs printanières.

Déméter était largement vénérée dans la Grèce antique, surtout par les femmes. Plusieurs villes organisaient des fêtes agricoles en son honneur. Elle était également vénérée dans le cadre d'une religion à mystères, ou d'une religion dont les rites secrets n'étaient connus que des membres initiés, dans la ville d'Éleusis.

Questions de recherche

---

1. Quels sont les débats les plus populaires parmi les adeptes des dieux grecs ?
2. Quand la croyance aux dieux grecs a-t-elle commencé ?
3. Les gens y croient-ils pour différentes raisons ? Si oui, quelles sont ces raisons ?

Dionysus
Dieu du vin, de la végétation, de l'humidité chaude, des plaisirs et de la civilisation.

Les Romains appelaient ce dieu Bacchus et célébraient les Bacchanales, ou fête de Bacchus, tous les trois ans. Cependant, cette fête est devenue si immorale qu'en 186 avant Jésus-Christ, le Sénat romain l'a interdite.

Dionysos était le fils de Zeus et de Sémélé, qui était la fille du roi de Thèbes. La légende raconte que Sémélé fut consumée par les flammes lorsqu'elle aperçut Zeus, sans déguisement, dans sa splendeur divine. Zeus plaça son enfant à naître dans sa cuisse. Lorsque le moment de la naissance de l'enfant arriva, Zeus le fit sortir à nouveau. Ainsi, Dionysos a eu une double naissance.

Dans ses premières années, le jeune dieu a été soigné par un satyre plus âgé appelé Silène. Dionysos apprit à fabriquer du vin et voyagea à travers le monde pour le donner aux mortels. Le dieu a vécu de nombreuses aventures au cours de ses voyages. Il se rendit finalement dans les régions infernales pour retrouver sa mère. Il la rebaptisa Thyone et la ramena sur le mont Olympe, la demeure des dieux.

Dionysos était représenté dans les œuvres d'art comme un beau jeune homme, couronné de feuilles de vigne ou de lierre et portant la peau d'un faune (animal mythologique) sur les épaules. Ses fêtes étaient célébrées par des processions, des danses et des chœurs, qui ont donné naissance au drame et au théâtre grecs.

Questions de recherche

1. Quel dieu ou déesse grecque vous semble le plus intéressant et pourquoi ?
2. Hadès et Perséphone feraient-ils un bon couple au paradis ou s'agit-il encore d'une mauvaise décision d'appariement ?
3. Que pensez-vous du monde souterrain enflammé de l'Hadès, fait pour les mauvaises âmes, avec sa peine de prison ?

Hadès
Le dieu des enfers, la demeure souterraine des morts.

L'homologue d'Hadès dans la mythologie romaine était connu sous le nom de Dis ou Pluton.

Hadès présidait au jugement de tous les hommes après la mort et au châtiment de ceux qui étaient jugés méchants. Sévère, impitoyable et distant, on disait de lui qu'il était insensible (comme la mort elle-même) à la prière ou au sacrifice. Comme on pensait que cela portait malheur de prononcer son nom à haute voix, les Grecs l'appelaient par d'autres noms, comme Pluton, qui signifie "le riche".

Hadès a reçu ce nom peut-être parce qu'il était associé aux métaux précieux trouvés sous terre et à la fertilité du sol, ou peut-être parce qu'il rassemblait tous les êtres vivants dans son trésor à leur mort. Le monde souterrain lui-même a été appelé Hadès. Plus tard, dans d'autres cultures,

Hadès est devenu un autre terme pour désigner l'enfer. Aujourd'hui, la planète naine Pluton porte le nom du dieu.

Hadès a obtenu son royaume après que lui et ses frères et sœurs aient renversé leur père, Cronus, un Titan qui était le principal dieu du monde. La mère d'Hadès était la Titane Rhéa.

Les frères d'Hadès étaient Zeus et Poséidon, et ses sœurs étaient Héra, Déméter et Hestia. Après s'être emparés du pouvoir de Cronus, les trois frères tirèrent au sort pour se partager le règne du monde. Zeus a obtenu le contrôle des cieux, Poséidon celui des mers et Hadès celui des enfers.

Il était rare que Pluton quitte son royaume des ténèbres. Sa visite la plus célèbre sur Terre remonte à la fois où il a enlevé Perséphone contre son gré pour en faire son épouse. Déméter, qui était la mère de Perséphone et la déesse de l'agriculture, fut prise de fureur et de chagrin, et toutes les récoltes du monde cessèrent de pousser.

Pour sauver les humains de la famine, Zeus ordonna à Hadès de libérer Perséphone. Elle avait cependant mangé une graine de grenade, et aucune personne ayant mangé de la nourriture dans les enfers n'était autorisée à retourner entièrement parmi les vivants. Pour cette raison, Perséphone devait vivre avec Hadès en tant que reine des enfers pendant un tiers de l'année, mais pouvait revenir à la surface pour y passer le reste de l'année. Le mythe de Perséphone est l'une des rares histoires dans lesquelles Hadès joue un rôle majeur.

Questions de recherche

1. Êtes-vous intéressé par la lecture des mythes qui se cachent derrière ces dieux ?
2. A votre avis, quel est votre dieu préféré ?
3. Décrivez un moment où vous avez eu l'impression d'être en contact avec l'un des dieux grecs.

Héphaïstos
Dieu du feu et du travail des métaux

Les Romains identifiaient leur dieu Vulcain à Héphaïstos.

Héphaïstos était un forgeron, et on disait que les feux des volcans étaient ses ateliers. Héphaïstos était l'un des 12 dieux principaux qui vivaient sur le mont Olympe.

Contrairement aux autres dieux olympiens, cependant, Héphaïstos était boiteux et laid. Il était marié à la belle Aphrodite, la déesse de l'amour, bien qu'elle lui ait été notoirement infidèle avec Arès, le dieu de la guerre. Dans l'art, Héphaïstos est souvent représenté sous la forme d'un homme barbu d'âge moyen, coiffé d'une casquette conique d'artisan et portant un marteau et une pince, les outils de son métier.

Héphaïstos était l'enfant d'Héra et de Zeus. De nombreux mythes racontent que ses parents l'ont jeté hors du ciel (qui se trouvait sur le mont Olympe) et qu'il est revenu par la suite. Dans une histoire, il est né boiteux et Héra l'a chassé par dégoût ou par honte. Dans une autre, Zeus l'a jeté en bas après une querelle familiale, et c'est la chute qui a blessé ses jambes ou ses pieds. Selon certaines versions, il aurait atterri sur l'île de Lemnos et y aurait appris l'art du travail des métaux.

Dans sa forge divine, Héphaïstos a fabriqué de magnifiques palais et chars pour les dieux ainsi que de nombreux artefacts utiles et puissants, notamment des foudres pour Zeus, des flèches pour Apollon et Artémis, des armures pour Achille et Héraclès et un collier maudit pour punir Harmonia (l'enfant d'Aphrodite et d'Arès).

Héphaïstos a également formé Pandore, la première femme, à partir d'argile. Pour se venger d'Héra qui l'avait chassé, Héphaïstos lui construisit un trône d'or en guise de piège. Lorsque Héra s'assit sur le trône, elle fut attachée par des chaînes incassables, que seul Héphaïstos savait défaire.

Dans certains récits, Zeus offrait Aphrodite en mariage comme prix à quiconque libérerait Héra. Dionysos persuada Héphaïstos de retourner sur le mont Olympe, de libérer Héra et de prendre Aphrodite pour épouse.

À l'origine, Héphaïstos était une divinité d'Asie mineure et des îles voisines, notamment Lemnos. Son culte s'est ensuite répandu à Athènes et en Campanie. Le temple connu sous le nom de Thésée à Athènes était dédié à Héphaïstos.

Questions de recherche

---

1. Le panthéon de quel pays préférez-vous parmi ceux de la Grèce et de Rome (le cas échéant) ? Pourquoi ?
2. Connaissez-vous les dieux grecs et leur rôle important dans la Grèce antique ?
3. Quels mythes associez-vous à ces dieux grecs ?

Hera
Reine des cieux et protectrice du mariage et des femmes | Déité du ciel

Les Romains identifiaient leur déesse Juno à Hera.

Héra était à la fois la sœur et l'épouse de Zeus et la reine des dieux. En raison de sa relation particulière avec les femmes, elle était l'une des femmes des déesses auxquelles on faisait appel lors des accouchements. (Artémis en était une autre).

Héra était la fille de Cronos et de Rhéa, qui appartenaient tous deux à un groupe plus ancien de dieux grecs, les Titans. En plus de Zeus, ses frères étaient Poséidon et Hadès, et ses sœurs Hestia et Déméter.

De nombreuses histoires sont racontées sur Héra dans la littérature grecque, et un grand nombre d'entre elles relatent la jalousie d'Héra à l'égard des attentions que Zeus portait à d'autres femmes. Héra poursuivait et punissait ses rivales, qu'elles soient humaines ou divines, et tentait fréquemment d'éliminer les enfants nés de Zeus par ces rivales. Par exemple, lorsque Héraclès naquit de Zeus et d'Alcmène, Héra envoya deux serpents pour tuer l'enfant dans son berceau. Héraclès survécut cependant.

Héra fut responsable de la mort de Semele, l'amante de Zeus, qui était alors enceinte de Dionysos. Zeus sauva Dionysos et le garda dans sa cuisse jusqu'à ce qu'il soit prêt à naître. Héra a également persécuté Leto, qui était enceinte d'Apollon et d'Artémis de Zeus, la forçant à errer dans le monde entier à la recherche d'un endroit sûr pour accoucher.

Les enfants d'Héra étaient Arès (le dieu de la guerre), Héphaïstos (le dieu du feu et le forgeron divin) et Hébé (la déesse de la jeunesse et l'échanson des dieux sur le mont Olympe). Eileithyia (la déesse de l'accouchement) était parfois aussi considérée comme un enfant d'Héra. Dans certains mythes, Zeus était le père des enfants d'Héra.

Plusieurs animaux étaient associés à Héra. Le coucou était identifié à elle, et Zeus aurait pris la forme de cet oiseau lorsqu'il lui fit sa première cour. Les paons tiraient son char et les vaches lui étaient également sacrées. Dans les textes anciens, Héra était souvent appelée "aux yeux de vache". La signification de cette expression est perdue, mais il est possible qu'il s'agisse de "grands yeux".

De nombreuses œuvres d'art remarquables représentent Héra. La plus célèbre dans l'Antiquité est sans doute la statue d'Argos, en or et en ivoire, qui la représente assise sur un trône. Elle a été sculptée par Polyclitus. Héra était typiquement représentée dans l'art classique comme une jeune femme mariée, sévère et majestueuse.

Héra était vénérée dans toute la Grèce antique. Parmi les nombreux temples qui lui sont consacrés, on trouve ceux d'Argos, d'Olympie, de Mycènes, de Sparte et de l'île de Samos, ou de leurs environs. Héra était la déesse protectrice d'Argos et de Samos, qui organisaient toutes deux des célébrations et des processions en son honneur.

Questions de recherche

1.   Qu'est-ce que ça ferait de vivre avec Zeus, Héra, Poséidon, etc.
2.   Que pensez-vous d'Héra en tant que femme de Zeus ?
3.   Pourriez-vous croire aux dieux grecs ?

Hermès
Dieu aux multiples rôles et le messager des dieux

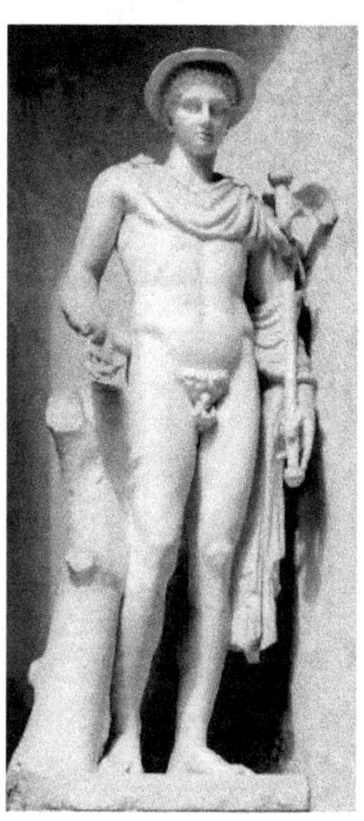

Son homologue dans la mythologie romaine était
Mercure.

Hermès est l'un des 12 dieux principaux qui vivaient sur le mont Olympe.
Il avait de nombreux rôles, dont beaucoup étaient associés au
franchissement de frontières, au gain ou à la ruse. L'une de ses fonctions
consistait à conduire les morts aux enfers. Il était également le dieu des
rêves, des portes et des routes et le protecteur des voyageurs.

Des piliers surmontés de son image étaient utilisés comme bornes le long
des routes. Hermès était également un dieu de la fertilité et le protecteur
du bétail et des moutons, qui étaient des denrées précieuses. Il était le
dieu de l'éloquence, de la bonne fortune et du commerce, mais aussi de la
ruse, de la fraude et du vol.

Hermès était le fils de Zeus et de Maia, fille d'Atlas. On dit de lui qu'il a été dès le départ un subtil intrigant. Alors qu'il n'avait que quelques heures, il s'échappa de son berceau et partit à la recherche d'aventures. Il tendit des cordes sur une écaille de tortue et inventa la lyre, un instrument de musique à cordes.

Ce soir-là, Hermès a volé 50 vaches dans le troupeau d'Apollon, son demi-frère aîné. Pour cacher son acte, Hermès utilisa de nombreuses astuces, comme faire marcher les vaches à reculons pour que leurs traces soient orientées dans le mauvais sens. Il retourna ensuite dans son berceau afin de ressembler à un nourrisson sans défense.

Lorsqu'Apollon découvrit ce qui s'était passé, Hermès le charma en jouant de la lyre, et Apollon lui permit de rester impuni en échange de l'instrument. Apollon donna ensuite à Hermès un bâton en or, qu'il porta plus tard dans son rôle de messager. Apollon lui a également appris à utiliser des cailloux pour faire des prophéties.

Ce mythe raconte comment Hermès a été associé à Apollon et à certains de ses attributs : la divination, la musique et les troupeaux d'animaux. Parmi les nombreux enfants d'Hermès, on trouve Pan, un dieu de la fertilité jouant de la flûte et des troupeaux, et Daphnis, le héros légendaire des bergers de Sicile. Dans la religion grecque, Hermès était probablement vénéré à l'origine en Arcadie, une région pastorale.

Messager rapide, Hermès était souvent représenté dans l'art sous les traits d'un jeune homme élancé portant des sandales ailées et un chapeau de voyageur à large bord orné de deux petites ailes. Il était également représenté tenant son bâton, attribut traditionnel des hérauts, ou messagers. Il est d'abord représenté sous la forme d'un bâton décoré de rubans, puis d'un bâton muni d'une paire d'ailes et de deux serpents entrelacés.

Le bâton est souvent appelé par son nom latin, caducée. En raison de sa ressemblance avec le bâton d'Asclépios, le dieu grec de la médecine, le caducée a été adopté à l'époque moderne comme symbole des médecins. Le bâton d'Asclépios ne comportait toutefois qu'un seul serpent.

1. Quel est le rôle d'Hermès dans le panthéon grec ?
2. La barbe de Zeus avait plus de cent tresses, mais son fils Hermès n'en avait pas une seule ; pourquoi ?
3. Quelle est votre qualité de dieu grec préférée et pourquoi ?

Hestia
Déesse du foyer, de la maison et de la famille.

Hestia est associée à la déesse romaine Vesta.

Hestia est l'un des 12 dieux principaux qui vivaient sur le mont Olympe. Hestia est née des Titans Cronus et Rhéa et était la sœur de Déméter, Héra, Hadès, Poséidon et Zeus. À un moment donné, Poséidon et Apollon ont tous deux courtisé Hestia comme prétendants.

Hestia craignait que la discorde n'éclate sur l'Olympe si elle choisissait d'épouser l'un plutôt que l'autre. Pour garantir la paix, Hestia jura de rester vierge à jamais et, en remerciement, Zeus lui confia l'honneur de présider tous les sacrifices.

En raison de l'importance d'Hestia pour le foyer et la famille, une offrande lui était faite au début et à la fin de chaque repas et tous les nouveau-nés étaient portés autour du foyer avant d'être acceptés dans la famille. Outre le culte d'Hestia dans les foyers grecs, de nombreuses cités-états grecques possédaient un foyer civique dans l'hôtel de ville qui entretenait un feu sacré pour elle.

---

1. Quel serait l'athlète olympique que vous aimeriez le moins fréquenter pendant une journée ?
2. Quelle est la chose qui t'a le plus dérangé dans la Grèce antique ?
3. Quelle est la chose la plus bizarre qu'un dieu grec ait faite ?

Poséidon
Dieu de la mer, de l'eau et des tremblements de terre

Les Romains ont identifié leur dieu Neptune avec Poséidon.

Poséidon est imprévisible et souvent violent. Il représentait souvent le pouvoir destructeur de la mer. Il était également étroitement associé aux chevaux. Dans l'art, Poséidon était généralement représenté sous la forme d'un homme barbu portant un trident (une lance de pêche à trois branches) et accompagné d'un dauphin ou d'un thon.

Poséidon voyageait sur la mer dans un char tiré par des créatures qui avaient la tête et le corps de chevaux et la queue de poissons. Poséidon était l'un des 12 dieux principaux qui vivaient sur le mont Olympe.

Poséidon était l'un des enfants des Titans Cronus et Rhéa et le frère de Zeus, Hadès, Héra, Déméter et Hestia. Cronus était le dieu principal, mais ses enfants l'ont renversé. Zeus, Hadès et Poséidon se sont alors partagé le pouvoir sur le monde en tirant au sort. Zeus gagne le contrôle des cieux et devient le dieu principal, tandis qu'Hadès devient le dieu des enfers. Le règne de la mer revient à Poséidon.

Poséidon calmait ou guidait les vagues pour les personnes qu'il favorisait, les protégeant et accélérant leur voyage en mer. Souvent vindicatif et prompt à la colère, il envoyait également de puissantes tempêtes et créatures marines pour punir ceux qui s'attiraient sa colère.

Un mythe raconte qu'il a participé à la construction des murs de protection de la ville de Troie, mais que le roi de Troie, Laomedon, a refusé de lui verser la somme convenue. Poséidon envoya alors un monstre marin pour terroriser Troie, et lors de la guerre de Troie, il se rangea du côté de la Grèce contre Troie. Plus tard, Poséidon persécuta sans relâche le héros grec Ulysse pour avoir aveuglé son fils Polyphème.

Poséidon a engendré de nombreux enfants de sa femme, la nymphe marine Amphitrite, et de ses nombreux amants. Beaucoup de ses enfants, dont Polyphème, Orion et Antée, étaient des géants ou des créatures sauvages qui ont hérité de son tempérament violent. Par Méduse, il engendra le divin cheval ailé Pégase, et par Déméter, le divin cheval Arion.

Le principal festival organisé en l'honneur de Poséidon était les Jeux d'Isthme. Le festival comprenait des concours athlétiques et musicaux et se déroulait près de l'isthme de Corinthe.

1. Comment pensez-vous que Poséidon devrait être dépeint à notre époque (différemment) ?
2. Si vous pouviez résoudre leur problème ultime en choisissant un objet dans chacun de leurs domaines, lesquels choisiriez-vous respectivement pour Zeus, Hadès et Poséidon ?
3. Si vous pouviez être un dieu grec pour une journée, qui serait-ce et pourquoi ?

Zeus

Roi des dieux et maître du mont Olympe | divinité du ciel

Zeus est le plus grand des dieux dans la religion et la mythologie de la Grèce antique. Il était souvent appelé le "père des dieux et des hommes", ce qui signifie qu'il était leur principal dirigeant et protecteur. Il était le protecteur des rois en particulier, le défenseur de la loi et de l'ordre, et le vengeur des serments rompus et autres offenses.

Zeus veillait sur l'État et la famille, sur les invités et les voyageurs. Sa main maniait la foudre et guidait les étoiles ; il contrôlait les vents et les nuages ; et il régulait le cours entier de la nature. Zeus, avec les autres dieux du mont Olympe, régissait les affaires de l'humanité.

Selon les histoires anciennes, avant que Zeus n'accède au pouvoir, les Titans régnaient sur l'univers. Zeus était le fils de deux Titans : Cronus, qui était alors le dieu dominant, et Rhéa, sa femme.

Leurs autres enfants - les frères et sœurs de Zeus - étaient Hestia, Demeter, Hera, Hades et Poseidon. Avant la naissance de Zeus, une prophétie avertit Cronus que l'un de ses enfants le renverserait, aussi les avala-t-il tous. Cependant, lorsque Zeus est né, Rhéa l'a caché dans une grotte en Crète et a donné à Cronos une pierre enveloppée comme un bébé à avaler à la place.

Plus tard, lorsque Zeus eut grandi, il revint et força son père à vomir ses frères et sœurs. Zeus mena ensuite une longue guerre contre Cronus et les autres Titans, qu'il finit par renverser. Il résista également aux attaques des géants et aux conspirations des autres dieux contre lui.

Après s'être emparés du pouvoir, Zeus et ses deux frères tirèrent au sort pour se partager le règne du monde. Zeus se vit attribuer l'empire du ciel et de l'air, Hadès celui des régions infernales et Poséidon, celui de la mer. La Terre fut laissée sous le pouvoir conjoint des trois.

L'épouse de Zeus était Héra, reine des dieux. Il lui était fréquemment infidèle, aussi bien avec des déesses qu'avec des femmes humaines. Les aventures de Zeus rendaient Héra furieuse. Pour mener à bien ses conquêtes, il prenait parfois la forme d'un animal, par exemple sous la forme d'un taureau lorsqu'il enlevait Europe, ou d'un cygne lorsqu'il ravissait Léda.

Zeus a engendré de nombreux enfants, dont Arès et Héphaïstos, par Héra ; Apollon et Artémis, par Léto ; Hermès, par Maia ; Perséphone, par Déméter ; Dionysos, par Sémélé ; Hélène et Polydeuces (Pollux), par Léda ; Héraclès, par Alcmène ; et Persée, par Danaé.

Zeus était l'unique parent d'Athéna, qui jaillit de son front à l'âge adulte. Zeus était également le père des Muses, des Grâces et, selon certains témoignages, d'Aphrodite.

De nombreuses histoires d'amours et de mariages des dieux grecs peuvent sembler étranges aujourd'hui, mais certains spécialistes de la religion pensent qu'il s'agissait souvent d'un moyen d'incorporer au panthéon des dieux grecs des dieux étrangers provenant de régions nouvellement acquises par la Grèce. Bien souvent, la progéniture de Zeus et d'une mortelle devenait le fondateur légendaire d'une ville célèbre de la Grèce antique, permettant ainsi aux habitants de la ville de se réclamer d'un ancêtre divin.

Dans l'art, Zeus était généralement représenté comme un homme mûr, digne et barbu. Dieu du temps et du ciel, il est souvent représenté avec des foudres, son arme traditionnelle, et accompagné d'un aigle.

En tant que dieu suprême, Zeus était vénéré dans toute la Grèce. Nombre de ses sanctuaires étaient situés au sommet des montagnes ou dans des maisons privées. Parmi les principaux temples qui lui étaient consacrés figurait le grand temple de Zeus à Olympie.

C'est là qu'avaient lieu les Jeux olympiques antiques, organisés en l'honneur de Zeus. Ce temple contenait également une statue de Zeus réalisée par Phidias, considérée comme l'une des sept merveilles du monde antique. La statue, qui a été créée vers 430 avant J.-C., mesurait environ 12 mètres de haut et était faite d'ivoire et d'or.

Questions de recherche

---

1. Quel type de Dieu est Zeus ?
2. Êtes-vous un fan de Zeus ou d'Héra, et pourquoi ?
3. Que pensez-vous de l'origine de Zeus ?

Titans et Titanesses

Cronus
Dieu des récoltes | divinité chtonienne

Cronus a été identifié plus tard avec le dieu romain Saturne.

Cronus était le dieu qui régnait avant Zeus. Il était le plus jeune des Titans originels, un groupe de 12 enfants nés d'Uranus (les Cieux) et de Gaea (la Terre).

Uranus détestait les Titans, et il les emprisonna dans le corps de Gaea (c'est-à-dire dans la Terre). À l'aide d'une faux (une longue lame incurvée) fournie par Gaea, Cronus casta Uranus et sépara ainsi le Ciel de la Terre. Cronus libère les Titans et devient leur roi. Son pouvoir usurpé, Uranus prédit que Cronos serait lui aussi renversé un jour par l'un de ses enfants.

Avec sa sœur Rhéa, un autre Titan, Cronus eut de nombreux enfants, dont les déesses Hestia, Déméter et Héra et les dieux Hadès et Poséidon. Pour éviter que la prophétie de son père ne se réalise, Cronus avala tous ses enfants à la naissance. Mais à la naissance de Zeus, Rhéa le cacha en Crète et poussa Cronos à avaler une pierre enveloppée de langes.

Après avoir grandi, Zeus a sauvé ses frères et sœurs en forçant Cronus à les vomir. Zeus et ses frères et sœurs se sont rebellés, menant une longue guerre contre Cronus et la plupart des Titans et finissant par les renverser. Selon certains mythes, Cronus fut envoyé au Tartare, la région la plus profonde des enfers, où les dieux enfermaient leurs ennemis. Dans d'autres versions de l'histoire, il est resté roi de l'âge d'or.

Cronus n'était pas un dieu très répandu dans la religion grecque antique, bien qu'il ait probablement été adoré par des peuples avant eux. Il était associé à l'agriculture et représenté tenant une faucille ou une épée incurvée.

Questions de recherche

1. Quel dieu a la meilleure histoire selon toi ?
2. Quel Olympien vénérerais-tu s'il avait le pouvoir absolu sur nous ?
3. Si tu pouvais offrir un cadeau à un dieu grec, à qui le ferais-tu, et quel cadeau lui offrirais-tu ?

Gaea

Gaea, ou Ge, est la personnification de la Terre en tant que déesse.

Selon certains mythes de création, Gaea est née du Chaos ou de Nyx (la Nuit). Le premier enfant qu'elle mit au monde fut Uranus (le Ciel), dont elle devint l'épouse.

Uranus et Gaea ont produit de nombreux enfants, dont les Cyclopes et les Titans. Uranus détestait certains des enfants nés de cette union. Il jeta les Cyclopes aux enfers pour leur désobéissance et cacha les Titans dans Gaea (c'est-à-dire sur Terre) dès leur naissance.

Gaea s'indigna de ce traitement réservé à ses enfants et encouragea l'un des Titans, Cronus, à se rebeller. Avec une faux (longue lame incurvée) qu'elle lui donna, Cronus casta son père, séparant ainsi la Terre et le Ciel. Le sang qui tomba alors sur Gaea produisit les Furies, les Gigantes (Géants) et les Meliae (nymphes de frênes). Certains spécialistes des religions pensent que Gaea était une déesse féminine adorée en Grèce avant l'introduction du culte de Zeus.

1. Quel est votre dieu préféré chez les Grecs anciens et pourquoi ?
2. Quand utiliseriez-vous ce pouvoir divin particulier ?
3. Pensez-vous que les mythes gréco-romains contiennent une part de vérité ?

Atlas

Le dieu Titan qui a porté le ciel en l'air.

Atlas était le fils du Titan Iapetus et de la nymphe Clymène. Le mythe le plus courant concernant Atlas, raconté par les poètes Homère et Hésiode, raconte qu'Atlas soutenait les piliers qui séparaient le Ciel et la Terre.

Selon Hésiode, ce travail incessant était une punition que Zeus avait donnée à Atlas pour s'être rangé du côté des Titans dans la guerre contre Zeus. Dans les œuvres d'art, Atlas est souvent représenté comme portant les cieux ou un globe sur ses épaules.

Le poète Ovide raconte que le héros Héraclès (Hercule dans la mythologie romaine antique) rendit visite à Atlas pour obtenir de l'aide pour l'un de ses douze travaux. Héraclès devait aller chercher les pommes d'or conservées au bout du monde par les Hespérides, qui étaient les filles d'Atlas.

Atlas accepta d'aller chercher les pommes si Héraclès maintenait le ciel pendant son absence. Atlas est revenu avec les pommes mais ne voulait pas reprendre son fardeau. Mais Héraclès a trompé Atlas pour qu'il reprenne sa tâche.

Un autre mythe raconte qu'Atlas était un roi d'Afrique qui avait été
transformé en montagne par le héros Persée. Dans cette histoire, Persée
montrait à Atlas la tête de la gorgone Méduse (qui transformait les
hommes en pierre) pour le punir de son inhospitalité. Une série de
chaînes de montagnes en Afrique du Nord sont appelées les montagnes
de l'Atlas.

1. Que pensez-vous d'Atlas portant le monde sur ses épaules ?
2. Pensez-vous qu'Atlas mérite une plus grande reconnaissance ?

Prométhée
Dieu du feu

Prométhée était l'un des Titans, et le plus grand illusionniste. Son côté intellectuel était souligné par la signification apparente de son nom, la prévoyance. Selon la croyance commune, il est devenu un maître artisan et, à ce titre, il était associé au feu et à la création de l'homme.

Le poète grec Hésiode a relaté deux légendes sur Prométhée. La première raconte que Zeus, qui avait été trompé par Prométhée pour accepter les os et la graisse des sacrifices au lieu de la viande, a caché le feu aux mortels.

Prométhée, cependant, le vola et le ramena sur Terre. Pour le prix du feu, et comme punition générale pour les mortels, Zeus créa la femme Pandore et l'envoya à Epiméthée (Rétrospection), qui l'épousa malgré les avertissements de son frère Prométhée.

Pandore a retiré le grand couvercle de la jarre qu'elle transportait, et les maux, le dur labeur et les maladies se sont envolés pour tourmenter les mortels. Seul l'espoir restait dans sa jarre. Hésiode raconte dans sa deuxième légende que Zeus a puni Prométhée en l'enchaînant à un rocher et en envoyant un aigle manger son foie immortel, qui se renouvelait constamment.

Le traitement littéraire de la légende de Prométhée s'est poursuivi avec La Ligature de Prométhée d'Eschyle. Le dramaturge grec a fait de Prométhée non seulement le créateur du feu pour les humains, mais aussi leur protecteur, en leur donnant tous les arts et les sciences, ainsi que les moyens de survivre.

Prométhée s'est avéré être pour les âges ultérieurs une figure archétypale de la défiance envers le pouvoir tyrannique. Sous ses multiples aspects, Prométhée a inspiré de nombreux autres écrivains, dont Lucien, Giovanni Boccaccio, Pedro Calderón de la Barca, J.W. von Goethe, Johann Gottfried von Herder, Percy Bysshe Shelley et Ramón Pérez de Ayala.

1. Préférez-vous les dieux grecs à d'autres panthéons comme ceux des Nordiques et des Celtes ?
2. S'il y avait une fête sur le thème des Olympiens à l'école, y irais-tu et en qui irais-tu ?
3. Qu'est-ce que beaucoup de dieux grecs ont en commun ?

Les divinités du ciel

Phaëthon

Dieux du ciel

Phaëthon est le fils d'Hélios, le dieu grec du soleil, et de la nymphe Clymène. Phaëthon visite le palais du soleil et demande à Hélios s'il est bien son père.

Hélios répondit qu'il l'était et, pour le prouver, Hélios jura sur le fleuve sacré Styx qu'il accorderait à son fils tout ce qu'il demanderait. Phaëthon demanda à être autorisé à conduire le char du soleil à travers les cieux.

Il a commencé son voyage avec audace. Très vite, cependant, il perdit le contrôle des chevaux ardents du soleil. Se précipitant hors de leur course, ils attirèrent le soleil si bas que les sommets des montagnes furent brûlés. Finalement, même les arbres, l'herbe et le grain dans les champs furent brûlés.

Lorsque Zeus vit que la Terre était sur le point d'être détruite, il lança un coup de foudre sur Phaëthon, qui tomba sur la Terre. Son nom est passé en anglais sous le nom de phaeton, qui désigne un véhicule à quatre roues tiré par des chevaux, puis une automobile.

1. Que pensez-vous de la façon dont les dieux grecs reflètent leur société ?
2. Avez-vous une légende grecque préférée ?
3. Si vous étiez un dieu grec, quelle serait votre divinité ?

Uranus
La personnification des cieux ou du ciel | Déité primordiale

Au début de l'un des mythes de la création de la Grèce antique, Gaea, ou la Terre Mère, émerge du Chaos, un état primitif et désordonné. Gaea a ensuite produit Uranus, les Montagnes et la Mer. L'union ultérieure de Gaea avec Uranus a donné naissance à plusieurs groupes de descendants, dont les Cyclopes et les Titans.

Uranus, ou Ouranus, n'aimait pas les Titans et les cacha dans le corps de Gaea (la Terre). Elle fit appel aux enfants, et l'un d'entre eux, Chronos, battit son père avec une faux. Du sang qui tomba d'Uranus sur Gaea naquirent les nymphes, les Géants et les Furies.

Les Furies étaient des déesses de la vengeance qui poursuivaient et punissaient les personnes coupables de meurtre, notamment celles qui avaient tué leur père ou leur mère. Les parties génitales coupées d'Uranus flottaient sur la mer, formant une écume qui produisait la déesse de l'amour, Aphrodite.

En castrant son père, Cronus sépara le Ciel de la Terre. Uranus prédit que Cronus serait lui aussi renversé par l'un de ses fils, ce qui se produisit lorsque Zeus vainquit Cronus. Dans certaines versions de l'histoire, Uranus meurt après s'être retiré de la Terre.

1. Que voulez-vous savoir sur les dieux grecs ?
2. Quels éléments de notre époque moderne les Grecs ont-ils inventés ?
3. Qui sont les dieux grecs les moins populaires ?

Éole

Gardien divin des vents et roi de l'île mythique et flottante d'Aiolia (Aeolia)

Roi de Magnésie en Thessalie, sa fille Canace et son fils Macareus ont commis un inceste et se sont ensuite donné la mort. Leur histoire a servi de sujet à l'œuvre perdue d'Euripide "Éole". Éole a donné son nom à Éolis, un territoire situé sur la côte occidentale de l'Asie mineure (dans l'actuelle Turquie).

Questions de recherche

---

1. Selon vous, quel personnage mythologique est le plus attrayant en raison de sa personnalité ou de ses talents ?
2. Y a-t-il un dieu ou une déesse que vous préférez aux autres et pourquoi ?
3. Quels sont les faits amusants concernant les dieux grecs ?

Divinités chthoniennes

Erinyes (Furies)
Déesses du châtiment

Les Furies étaient des déesses qui représentaient la vengeance. Elles poursuivaient et punissaient les méchants, en particulier ceux qui étaient coupables de meurtre. Selon le poète Hésiode, les Furies sont nées lorsque le Titan Cronus a castré son père, Uranus, la personnification des cieux.

Le sang qui tomba sur la mère de Cronus, Gaea, ou Terre Mère, produisit plusieurs séries de descendants, dont les Furies. D'autres auteurs parlent d'elles comme des filles de Nyx (la Nuit) ou d'Erebos (les Ténèbres).

Les Furies sont peut-être nées dans la religion grecque en tant que divinités locales qui ont fini par devenir le centre d'un culte plus important, ou peut-être ont-elles été considérées dès le début comme les fantômes des morts assassinés ou comme la personnification des malédictions jetées sur les meurtriers. C'est le dramaturge Euripide qui a été le premier à les compter par trois.

On leur a ensuite donné les noms d'Alecto (colère incessante), de Tisiphone (vengeur du meurtre) et de Megaera (jaloux). Ils vivaient dans le monde souterrain et montaient sur Terre pour poursuivre et tourmenter les méchants. Ils sont représentés comme ayant des serpents à la place des cheveux et comme pleurant du sang humain.

Le nom des Furies vient du mot latin Furiae. Leur nom grec était les Erinyes. Mais comme les Grecs craignaient de prononcer leur nom, ils appelaient parfois ces déesses par un nom euphémique, les Euménides (les gentilles).

La plus connue des histoires de Furies provient de l'Orestie, une série de trois pièces d'Eschyle sur une famille appartenant à la maison d'Atrée. Dans l'intrigue de la deuxième pièce, Choephoroi (Porteurs de libations), le personnage d'Oreste se trouve dans une situation difficile. Sa mère, Clytemnestre, avait tué son père, Agamemnon. Oreste devait venger la mort de son père, ce qu'il fit en tuant Clytemnestre.

Mais tuer sa mère était un grand péché dans la société grecque. Dans la troisième pièce, Euménides, les Furies hantent et poursuivent Oreste pour le punir du meurtre de sa mère. À la fin de la pièce, la déesse Athéna intervient en faveur d'Oreste, lui pardonnant et exigeant que les Furies ne poursuivent plus les gens par vengeance.

En retour, Athéna promet que les déesses seront puissantes et vénérées par les humains. Nombre de nos conceptions des Furies proviennent de la version d'Eschyle de leur histoire et des pièces d'Euripide et de Sophocle.

Questions de recherche

---

1. Quelle est votre histoire de mythe/héros préférée impliquant des dieux grecs et pourquoi ?
2. Pourquoi aimez-vous étudier les différentes croyances et cultures religieuses ?
3. Quelle est la meilleure façon d'éduquer les enfants sur ces dieux et leurs histoires, selon vous ?

Hécate
Déesse des ténèbres et de la sorcellerie

Hécate a été acceptée très tôt dans la religion grecque, mais elle était probablement à l'origine une déesse des Cariens du sud-ouest de l'Asie Mineure.

Dans les écrits d'Hésiode, Hécate est la fille du Titan Persès et de la nymphe Astéria. Hésiode représente Hécate comme ayant le pouvoir sur le ciel, la terre et la mer ; elle accorde donc la richesse et tous les bienfaits de la vie quotidienne.

Hécate était la principale déesse présidant à la magie et aux sorts. Elle a assisté à l'enlèvement de Perséphone, la fille de Déméter, dans les enfers. Torche à la main, Hécate a aidé à la recherche de Perséphone.

Ainsi, dans la Grèce antique, des piliers appelés Hécatée se dressaient aux carrefours et aux portes, peut-être pour éloigner les mauvais esprits. Dans l'art grec, Hécate était souvent représentée vêtue d'une longue robe et tenant des torches enflammées.

Dans les représentations ultérieures, elle est triplement formée, avec trois corps debout dos à dos, probablement pour qu'elle puisse regarder dans toutes les directions à la fois depuis le carrefour. Hécate était accompagnée de meutes de chiens aboyeurs.

---

1. Avez-vous déjà été dans une maison de sorcière qui avait des similitudes avec Hécate, comme des objets noirs, des cristaux, des bougies ou des objets suspendus à l'envers ?
2. Quel est votre mythe ou votre histoire préférée sur Hécate ?
3. Pourquoi pensez-vous que les gens vénéraient autant cette déesse pendant la période hellénistique ?

Minos
Roi de Crète | Mortel et héros déifié

Minos était le fils de Zeus et d'Europe. Il épousa Pasiphaë, la fille d'Hélios, le dieu du soleil. Ils eurent plusieurs enfants, dont Ariane et Phèdre (qui épousa plus tard Thésée).

Tout allait bien jusqu'à ce que le dieu Poséidon envoie un taureau en Crète pour être sacrifié. Minos a préféré garder l'animal en vie. Pour le punir, Poséidon a fait naître chez Pasiphaë un amour contre nature pour le taureau. Le fruit de cet amour fut le Minotaure, un monstre au corps d'homme et à la tête de taureau.

Minos fit enfermer le Minotaure dans un labyrinthe construit par l'inventeur Dédale. Minos décréta ensuite que sept garçons et sept filles d'Athènes seraient périodiquement sacrifiés au Minotaure, qui ne se nourrissait que de chair humaine. (Les Athéniens avaient tué un fils de Minos et c'était sa vengeance). Avec l'aide d'Ariane, Thésée trouva le Minotaure et le tua, libérant ainsi Athènes de ce lourd tribut.

Dédale ayant aidé Ariane concernant le labyrinthe, Minos l'emprisonna avec son fils Icare dans une tour. Lorsqu'ils s'échappèrent en utilisant des ailes fabriquées à partir de cire et de plumes, Minos les poursuivit.

Icare se noie, mais Dédale atteint la Sicile, où il se lie d'amitié avec Cocalus, un roi local. Cette amitié conduit le roi (ou ses filles) à tuer Minos dans son bain peu après son arrivée en Sicile. Minos est alors nommé juge à Hadès, le monde souterrain.

La civilisation de l'âge du bronze en Crète a été baptisée Minoan, du nom du roi Minos, par l'archéologue britannique Arthur Evans. Beaucoup de chercheurs pensent maintenant que Minos était un titre pour les souverains prêtres de cette civilisation.

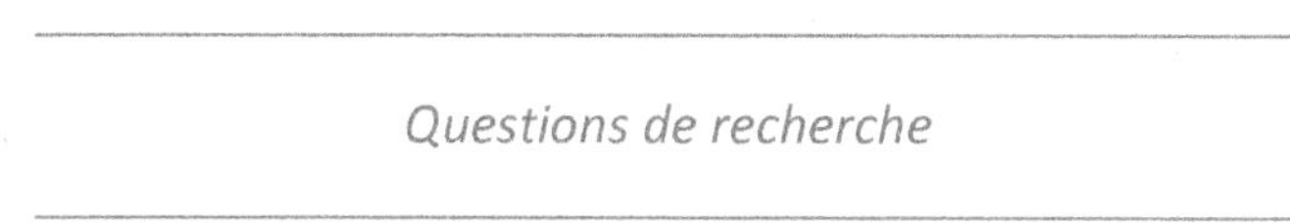

1. Pourquoi les religions modernes portent-elles un tel jugement sur la sexualité et la nudité ?
2. Quel est votre personnage secondaire préféré dans la mythologie ?
3. Qui est le dieu/déesse le plus incompris et pourquoi ?

Persephone
Déesse reine des enfers

Perséphone était la fille de Zeus, le dieu principal, et de Déméter, la déesse de l'agriculture. Contre sa volonté, elle devint l'épouse d'Hadès, le dieu des enfers, qui était le royaume souterrain des morts.

Perséphone était, dit-on, en train de cueillir des fleurs dans une prairie lorsqu'Hadès l'a enlevée. Dans certaines versions du mythe, Zeus avait donné à Hadès la permission de l'épouser. Déméter, quant à elle, était accablée par le chagrin d'avoir perdu sa fille au profit du royaume des morts.

Perséphone ne permettait pas aux cultures de pousser pendant l'absence de sa fille. Pour éviter que les êtres humains ne meurent de faim, Zeus a finalement ordonné à Hadès de rendre Perséphone à Déméter. Cependant, Hadès avait donné à Perséphone une graine de grenade à manger, et quiconque mangeait de la nourriture dans le monde souterrain restait lié à elle. Pour cette raison,

Perséphone devait vivre avec lui en tant que reine des enfers pendant un tiers de chaque année. Elle retournait chez sa mère pour les deux tiers restants de l'année.

Ce mythe explique le changement des saisons et le cycle annuel de croissance et de décomposition de la végétation. Les mois que Perséphone passait sous terre chaque année auraient été l'hiver, et son retour à Déméter aurait eu lieu au printemps.

Questions de recherche

1. Quel est votre nom alternatif de la mythologie grecque ?
2. Préférez-vous avoir un dieu personnel ou être tous les dieux du monde ?
3. Qu'est-ce que les maîtresses des dieux ont le plus appris à l'humanité ?

Gigantes et autres " géants

Cyclopes

Une tribu de géants borgnes mangeurs d'hommes.

Géant monstrueux doté d'un œil unique au milieu du front, le Cyclope est présent dans toute la mythologie grecque. Le mot pour désigner plus d'un cyclope est Cyclopes.

Dans le récit d'Hésiode sur la vie des dieux, il y avait trois Cyclopes : Arges, Brontes et Steropes - fils du Ciel et de la Terre qui fabriquaient les foudres de Zeus. Dans l'Odyssée d'Homère, en revanche, il s'agit d'une colonie de géants mangeurs d'hommes qui vivraient dans des grottes situées dans les montagnes de Sicile.

Ulysse et 12 hommes débarquent sur l'île des Cyclopes et tombent par hasard dans la grotte du cyclope Polyphème. Après avoir bloqué l'entrée avec une énorme pierre, Polyphème a commencé à manger les hommes d'Ulysse. Ulysse enivre Polyphème, l'aveugle et s'échappe avec le reste de ses hommes.

Polyphème demanda vengeance à son père, Poséidon, dieu de la mer, qui remua les eaux de sorte qu'Ulysse ne put rentrer chez lui pendant dix ans.

D'autres traditions racontent que Polyphème est tombé follement amoureux d'une nymphe de la mer, Galatée.

On attribue également aux cyclopes la construction d'anciennes villes fortifiées, comme Tiryns en Grèce. Les murs faits de pierres non équarries sont encore appelés cyclopes.

Questions de recherche

1. Quelle est votre histoire préférée à propos d'un dieu qui était lié à la mythologie ?
2. Si vous pouviez remonter le temps et changer la mythologie d'un dieu grec, qui serait-ce ?
3. Quelle est votre histoire grecque préférée et pourquoi ?

Typhon

Un géant monstrueux et serpentin, l'une des créatures les plus mortelles de la mythologie grecque.

Des auteurs ultérieurs ont identifié Typhon avec le dieu égyptien Seth.

Typhon était un monstre effroyable avec 100 têtes de dragons. Son nom était également orthographié Typhaon, et il était aussi appelé Typhoeus. Il était le plus jeune fils de Tartare (la personnification du monde souterrain) et de Gaea (la Terre).

Le dieu Zeus a vaincu Typhon et l'a envoyé aux enfers. Dans d'autres récits, Typhon était confiné dans le pays des Arimi en Cilicie ou sous l'Etna ou dans d'autres régions volcaniques, où il était la cause des éruptions. Typhon était donc la personnification des forces volcaniques.

Typhon était marié au monstre Echidna, mi-femme, mi-serpent. Ils eurent de nombreux enfants monstrueux, dont Cerbère (le chien à trois têtes qui gardait le monde souterrain), l'Hydre (un monstre à plusieurs têtes) et la Chimère (une créature mi-lion, mi-chèvre, mi-dragon).

Typhon était aussi le père des vents dangereux (typhons).

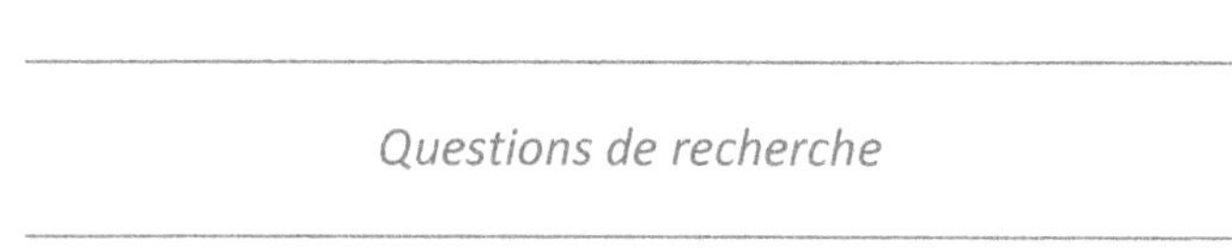

Questions de recherche

1. Quelle créature mythique admirez-vous le plus et pourquoi ?
2. Connaissez-vous plus de faits sur les dieux classiques que sur les plus récents ?
3. Si tu pouvais choisir n'importe quel dieu du panthéon, pourquoi le voudrais-tu ?

Déités rustiques

Aristaeus

Dieu mineur, protecteur et créateur de divers arts | Mortel défié

Divinité grecque, nom dérivé de aristos (le meilleur) ; son culte était très répandu mais les mythes le concernant sont quelque peu obscurs ; on pense qu'il est le fils d'Apollon et de la nymphe Cyrène ; il est né en Libye mais s'est ensuite rendu à Thèbes, où les Muses lui ont enseigné les arts de la guérison et de la prophétie ; il est devenu le gendre de Cadmus et le père d'Actéon ; après avoir beaucoup voyagé, il a atteint la Thrace.

En Thrace, il a finalement disparu près du mont Haemus ; divinité bienveillante qui a introduit la culture des abeilles, de la vigne et de l'olive ; protecteur des bergers et des chasseurs ; représenté comme un jeune homme habillé en berger et portant parfois un mouton.

Questions de recherche

---

1. Selon vous, qui est le dieu ou la déesse le plus raisonnable de la mythologie ?
2. Si vous étiez un dieu mythologique, lequel serait votre domaine ?
3. Quel dieu grec pourrait être votre animal spirituel ?

Pan

Le dieu de la nature, de la chasse et compagnon des nymphes.

Les dieux romains Faunus et Silvanus partagent de nombreux attributs de Pan et pourraient avoir évolué à partir de lui. Certaines représentations chrétiennes du diable présentent une ressemblance frappante avec Pan.

Pan était un dieu rural des lieux sauvages, associé à la joie et aux réjouissances. Il était vénéré à l'origine en Arcadie, puis dans toutes les régions de la Grèce. Pan avait la forme d'un humain avec les jambes, les cornes et les oreilles d'une chèvre.

Pan était le dieu qui veillait sur les troupeaux et sur les chevriers et bergers qui les gardaient, et il était également un dieu de la fertilité. La nuit, dans les bois et autres lieux sombres et solitaires, les bruits entendus étaient attribués à Pan ; c'est ainsi que le mot panique est venu signifier la frayeur que l'on attribuait autrefois à la proximité de Pan.

Dans la plupart des contes, le dieu Hermès est le père de Pan. On dit parfois que sa mère est Pénélope, l'épouse du héros Ulysse. Dans certains contes, Hermès est venu à Pénélope sous la forme d'une chèvre, ce qui explique que Pan ait des parties de chèvre. Dans certains contes comiques, Pan est la progéniture de Pénélope et de tous les prétendants qui l'ont courtisée pendant l'absence d'Ulysse.

Comme les bergers de l'époque, Pan était un joueur de cornemuse, et sa grande joie était de jouer de la musique et de danser avec les nymphes dans les forêts. Les cornemuses dont on dit qu'il jouait - un instrument à vent fait de tuyaux de canne de différentes longueurs assemblés en rang - sont appelées flûtes de Pan ou syrinx.

Une histoire raconte qu'il a créé la flûte de Pan après avoir poursuivi une nymphe nommée Syrinx. Pan, connu pour son amour, l'avait presque attrapée lorsqu'elle avait appelé à l'aide son père, un dieu de la rivière.

Le père de Pan la transforma en un lit de roseaux poussant sur la berge. Pan coupa quelques roseaux et fabriqua des flûtes de Pan pour se consoler de sa perte.

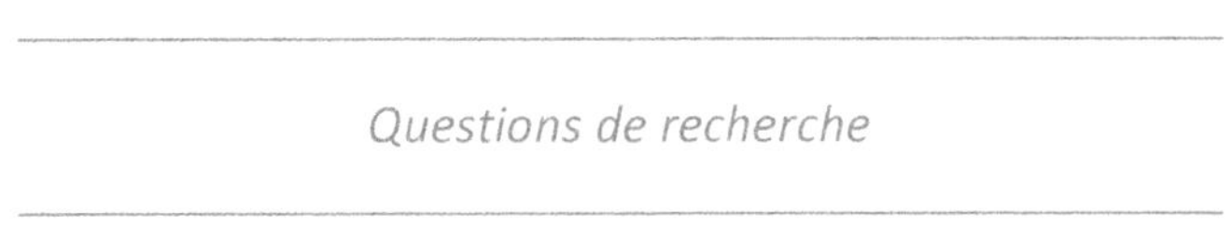

Questions de recherche

1. Les histoires de ces dieux grecs te rappellent-elles parfois de ne pas procrastiner ou d'être paresseux dans ton travail scolaire ?
2. Quelles sont les bonnes raisons pour lesquelles les gens font des sacrifices aux dieux ?
3. Quelle créature mythologique est un symbole d'allégeance dans la mythologie grecque ?

Les divinités agricoles

Adonis

Le dieu du renouveau permanent, de la fertilité, de la beauté et du désir.

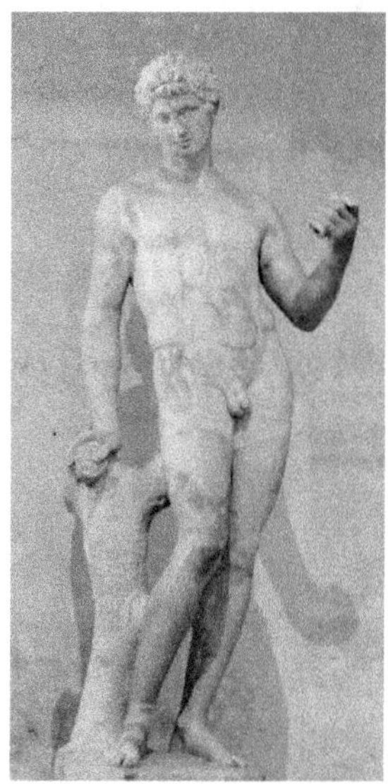

La nature cyclique des saisons ainsi que le mystère de la croissance naturelle sont incarnés par Adonis, le beau dieu de la végétation et de la nature, selon la mythologie grecque et phénicienne.

La fête annuelle phénicienne d'Adonia commémorait Adonis, dieu de la fertilité et de l'abondance. Le nom d'Adonis vient du mot sémitique adonay (mon seigneur, mon maître).

Adonis est né d'un arbre, en lequel sa mère s'était transformée. La déesse Aphrodite fut tellement séduite par la beauté d'Adonis qu'elle le cacha dans un coffret, ou coffre à trésor, alors qu'il n'était qu'un enfant. Elle a confié ce secret à Perséphone, une autre déesse. A l'insu d'Aphrodite, Perséphone a ouvert le coffre.

Quand elle a vu Adonis, elle a aussi été frappée par sa beauté. Elle l'enlève et refuse de l'abandonner. Aphrodite en appela au dieu Zeus, qui décréta qu'Adonis devait passer la moitié de l'année sur Terre avec Aphrodite (symbolisant le retour annuel du printemps) et l'autre moitié dans les enfers avec Perséphone (symbolisant le retour annuel de l'automne). Un jour, alors qu'il était encore jeune, Adonis fut tué par un sanglier qu'il avait blessé avec sa lance.

Plusieurs légendes botaniques sont nées de l'histoire de la mort d'Adonis. Selon certains, les anémones ont jailli du sol où le sang d'Adonis est tombé, et les roses ont jailli des larmes qu'Aphrodite a versées pour Adonis. Les jardins dans lesquels les plantes sont incitées à fleurir rapidement (et donc à mourir rapidement) sont appelés jardins d'Adonis, symbolisant son destin.

1. Quelle histoire ou quel mythe majeur avez-vous fini par croire le plus ?
2. Quels sont les dieux grecs ou les personnages historiques les moins connus qui méritent d'être mieux connus ?
3. Si vous deviez créer un nouveau costume pour Halloween cette année, lequel des dieux grecs représenteriez-vous et pourquoi ?

Déités de la santé

Esculape (Asclépios)
Le dieu de la médecine

Le dieu grec de la médecine, Asclépios - en latin Esculape - apparaît dans l'art en tenant un bâton autour duquel s'enroule un serpent. Le serpent, qui lui était sacré, symbolisait le renouveau de la jeunesse car il se débarrasse de sa peau.

Esculape était le fils d'Apollon et de Coronis. Le centaure Chiron l'éleva et lui enseigna l'art de guérir. Sa fille Hygeia personnifiait la santé, et sa fille Panacea, la guérison. Deux de ses fils apparaissent dans l'"Iliade" d'Homère comme médecins dans l'armée grecque.

Leurs descendants supposés, appelés Asclépiades, formaient un grand ordre de prêtres-médecins. Les secrets sacrés de la médecine n'appartenaient qu'à eux et se transmettaient de père en fils.

Les Asclépiades pratiquaient leur art dans de magnifiques temples de la santé, appelés Asclépiades. Ces temples étaient en fait des sanatoriums équipés de gymnases, de bains et même de théâtres.

Le patient était d'abord endormi. Son rêve, interprété par les prêtres, était censé fournir des indications pour le traitement. Toutes les guérisons étaient enregistrées comme des miracles.

1. Pensez-vous qu'il existe des remèdes de la Grèce antique qui n'ont pas été transmis aux médecines modernes ? Quel est votre personnage secondaire préféré dans la mythologie ?
2. Quelle est votre histoire d'Esculape préférée dans la mythologie ?
3. Que savez-vous du lien entre Apollon et Esculape ?
4. Qui est le dieu de la guérison dans la religion romaine ?

Autres divinités

Charites (Les Grâces)
Déesses de la fertilité, du charme et de la beauté

Les charites étaient souvent associées à la déesse de l'amour, Aphrodite. On dit qu'elles sont les filles de Zeus et d'Héra ou d'Eurynome, qui était une fille du Titan Oceanus. Dans certaines légendes, les parents des Grâces étaient Hélios, le dieu du soleil, et Aegle, une fille de Zeus.

Le nombre de Grâces diffère selon les récits, mais on pense généralement qu'elles sont au nombre de trois : Aglaé (l'éclat), Euphrosyne (la joie) et Thalie (l'épanouissement). Aucun banquet sur l'Olympe ne satisfaisait les dieux si les Muses et les Grâces n'y chantaient pas.

Le nom des Grâces vient du latin ; le nom grec des déesses était Charites. Dans la religion grecque, les cultes qui adoraient les Grâces étaient centrés sur la Béotie, Athènes, Sparte et Paphos.

Questions de recherche

---

1. Quel est le pouvoir divin féminin que vous souhaitez le plus obtenir ?
2. Quel dieu serait le plus facile à piéger ?
3. Est-ce que quelque chose de ces dieux pourrait être vrai à votre avis ?

Mortels

Défier les mortels

Achilles
Héros de la guerre de Troie

Parmi les Grecs qui ont combattu Troie, celui qui était considéré comme le plus courageux était Achille. Sa mère était la déesse Thétis, une Néréide (nymphe de la mer). Son père était Pélée, roi de Thessalie et petit-fils de Zeus, le seigneur du ciel.

C'est lors des noces de Thétis et Pélée que la déesse Eris (la discorde) lança parmi les convives une pomme d'or qui allait provoquer la guerre de Troie.

Peu après la naissance d'Achille, Thétis tenta de déjouer les Parques, qui avaient prédit que la guerre faucherait son fils dans la fleur de l'âge. Pour qu'aucune arme ne puisse jamais le blesser, elle plongea son bébé dans les eaux noires du Styx, le fleuve qui coulait autour des enfers.

Seul le talon par lequel elle le tenait était épargné par les eaux magiques, et c'était la seule partie de son corps qui pouvait être blessée. C'est la source de l'expression "talon d'Achille", qui signifie un point vulnérable.

Au début de la guerre de Troie, la mère d'Achille, craignant que le décret des Parques ne se réalise, l'habilla en fille et le cacha parmi les jeunes filles à la cour du roi de Scyros. La ruse ne réussit pas. Ulysse, le plus rusé des Grecs, se rendit à la cour déguisé en colporteur.

Quand Ulysse a étalé sa marchandise devant les filles, un coup de trompette soudain retentit. Les filles crièrent et s'enfuirent, mais Achille trahit son sexe en saisissant une épée et une lance dans le stock du colporteur.

Achille rejoint la bataille et prend le commandement des hommes de son père, les Myrmidons. Ils sont un exemple de bravoure pour les autres Grecs. Puis il se dispute avec Agamemnon, le chef des Grecs, au sujet d'une captive qu'il aime.

Lorsqu'elle lui fut enlevée, il retira ses partisans du combat et bouda dans sa tente. En conséquence, les armées grecques sont repoussées par les Troyens vers leurs navires.

Enfin, ému par la détresse des Grecs, Achille confie ses hommes et son armure à Patrocle, son meilleur ami. Ainsi, lorsque Patrocle mena les Myrmidons au combat, les Troyens le prirent pour Achille et s'enfuirent dans la panique. Patrocle, cependant, fut tué par Hector, le chef des Troyens. L'armure d'Achille devient le butin d'Hector. Furieux et accablé par le chagrin,

Achille a juré de tuer Hector. Pendant ce temps, sa mère se rendit à l'Olympe pour demander une nouvelle armure à Héphaïstos, dieu de la forge. Revêtu de sa nouvelle armure, Achille part à nouveau au combat. Il tua de nombreux Troyens, et les autres, à l'exception d'Hector, s'enfuirent dans leur ville. Achille tue alors Hector.

Bien que les Troyens aient maintenant perdu leur chef, ils ont pu continuer à se battre avec l'aide d'autres nations. Achille a brisé la force de ces alliés en tuant Memnon, prince des Ethiopiens, et Penthésilée, reine des Amazones.

Achille était maintenant las de la guerre et, de plus, il était tombé amoureux de Polyxena, sœur d'Hector. Pour la gagner en mariage, il consentit à demander aux Grecs de faire la paix.

Achille se trouvait dans le temple pour organiser le mariage lorsque le frère d'Hector, Pâris, lui a tiré une flèche empoisonnée dans la seule partie vulnérable de son corps, le talon.

Questions de recherche

1. À quoi ressemble le Mt. Olympus dans la réalité ?
2. Quel est le meilleur mythe grec que vous connaissez et pourquoi ?
3. Quelle est votre histoire la plus folle impliquant un héros grec ?

Ganymède

Un beau prince troyen, enlevé par Zeus et devenu l'échanson des dieux.

Dans la mythologie grecque, Ganymède était le fils d'un roi de Troie. En raison de la grande beauté de Ganymède, Zeus s'est déguisé en aigle et a emporté Ganymède sur le mont Olympe pour servir d'échanson aux dieux.

Certaines histoires racontent qu'Hébé a rempli cette fonction et, parfois, Ganymède aurait remplacé Hébé après qu'elle ait démissionné de son poste pour épouser Héraclès ou qu'elle ait été destituée pour une erreur qu'elle aurait commise.

Zeus a donné au père de Ganymède un cheval immortel pour le dédommager de la perte de son fils. La plus grande lune de la planète Jupiter porte son nom.

Questions de recherche

---

1. Quel héros de la mythologie grecque serait votre animal de soutien émotionnel et pourquoi ?
2. Qui vouliez-vous voir devenir un super-héros ou un méchant si les dieux grecs avaient des pouvoirs comme ceux que possèdent les personnages des bandes dessinées et des romans graphiques ?
3. Avez-vous l'impression que l'un des pouvoirs mythologiques semble s'être réalisé aujourd'hui ?

Hercule

L'un des héros les plus forts et les plus célèbres de la mythologie classique.

Hercule (appelé Héraclès par les Grecs) était le fils du dieu Zeus et de la mortelle Alcmène. La déesse Héra, qui détestait l'enfant Hercule, envoya deux serpents pour le détruire dans son berceau, mais Hercule les étrangla. En tant que garçon, Hercule a été formé par le centaure Chiron.

Quand Hercule était un jeune homme, deux jeunes filles vinrent à lui. Arete représentait la vertu, Kakia le vice. Kakia offrait à Hercule plaisir et richesse s'il acceptait de la suivre. Arete ne lui offrait que la gloire pour une lutte de toute une vie contre le mal. Hercule choisit d'être guidé par Arete.

Dans un accès de frénésie provoqué par Héra, Hercule tua ses propres enfants. Pour se racheter, il dut servir son cousin le roi Eurystheus, qui lui ordonna d'accomplir les tâches connues sous le nom des 12 travaux d'Hercule.

Le premier était la mise à mort du lion de Némée. Hercule étrangle l'animal et porte la peau du lion. Il tua ensuite l'Hydre, un terrible serpent à neuf têtes. Les troisième et quatrième travaux consistaient à capturer deux créatures sauvages : le cerf de Cérynie aux cornes d'or et le sanglier d'Erymanthie.

Pour son prochain travail, Hercule dut nettoyer les écuries d'Augean, qui n'avaient pas été nettoyées depuis 30 ans. Il fit passer deux rivières, l'Alphée et le Pénée, à travers les écuries, terminant le travail en un seul jour. Ensuite, il tua les féroces oiseaux stymphaliens, après quoi il captura le taureau crétois.

Puis il a capturé les juments sauvages mangeuses de chair de Diomède, roi de Thrace. Hercule tua Diomède et le donna en pâture aux chevaux. Il devait ensuite obtenir la ceinture d'Hippolyte, reine des Amazones.

Il a vaincu les Amazones, tué la reine, et pris la ceinture. Pour son dixième travail, Hercule captura les bœufs du monstre Géryon, qui habitait l'île légendaire d'Erythée.

Les deux derniers travaux étaient les plus difficiles. L'un consistait à voler les pommes d'or gardées par quatre nymphes sœurs appelées les Hespérides. Leur père était Atlas, qui soutenait les cieux sur son dos.

Pour obtenir les pommes, Hercule prit la place d'Atlas tandis qu'Atlas prenait les pommes. Enfin, Hercule se rendit à Hadès, où il captura Cerbère, le chien à plusieurs têtes qui gardait les portes des enfers. Il amena Cerbère à Eurystheus, mais le roi fut si terrifié qu'Hercule dut retourner à Hadès pour reprendre le monstre.

Ayant accompli les 12 tâches, Hercule était désormais libre, mais il accomplit d'autres exploits. Le centaure Nessus tenta d'enlever la femme d'Hercule, Deianeira. Hercule abattit Nessus d'une flèche empoisonnée.

Le centaure mourant demanda à Déjanire de garder un peu de son sang comme charme d'amour. Quand Hercule est tombé amoureux d'une autre jeune fille, Deianeira lui a envoyé une robe trempée dans le sang. Hercule l'enfila, et le poison se répandit dans son corps comme un feu. Il s'enfuit vers le Mont Oeta, construisit un feu funéraire, et se jeta dessus pour mourir.

La force héroïque d'Hercule a inspiré de nombreuses œuvres d'art. Un bel exemple en sculpture est l'Hercule Farnèse, copie d'une œuvre plus ancienne du sculpteur antique Lysippe.

1. Que pensez-vous des différentes interprétations de la mythologie grecque, par exemple le film Hercule de Disney ? Cela change-t-il votre opinion sur la version la plus exacte ou la plus attrayante pour vous ?
2. Pensez-vous que le fait de vénérer des divinités grecques ait pu aider à résoudre les problèmes de la Grèce antique ?
3. Est-ce que tous les dieux et demi-dieux grecs sont parfois amis entre eux ?

Héros

Aeneas

Un héros de la guerre de Troie et le géniteur du peuple romain.

Énée est le héros de l'Énéide de Virgile, mais il était vénéré par les Romains bien avant la rédaction de l'Énéide. Ils l'appelaient Jupiter indiges - "le fondateur de la race".

Énée était considéré comme un héros de Troie et de Rome. L'Iliade d'Homère le compare au légendaire Hector. Énée n'était pas d'origine romaine. Anchise, son père, était un membre de la maison royale troyenne.

Sa mère était la déesse de l'amour, Aphrodite. Anchise avait juré de ne jamais révéler son mariage avec Aphrodite. Cependant, à la naissance d'Énée, Anchise s'en est vanté auprès de ses compagnons. En punition, il fut rendu aveugle.

Lorsque Troie a été conquise lors de la guerre de Troie, Énée a conduit ses guerriers hors de la ville en feu, portant son père aveugle sur ses épaules. Énée et ses compagnons ont ensuite parcouru la Méditerranée pendant sept ans à la recherche d'une nouvelle patrie.

Ses navires font naufrage au large de la côte africaine, près de Carthage. Didon, la reine carthaginoise, tombe profondément amoureuse d'Énée et le supplie de rester. Quand il est parti, Didon s'est tuée de chagrin.

Énée et ses compagnons s'installent brièvement en Thrace, en Crète et en Sicile, avant d'arriver au Latium, sur les rives du Tibre. Le roi Latinus leur fit bon accueil.

Énée aida le souverain dans ses luttes contre les Rutuli. Plus tard, Énée épousa Lavinia, fille de Latinus. Il hérita du royaume après la mort de Latinus, régnant avec bonheur et succès sur ses Troyens et Latins unis. Il fut tué lors d'une bataille contre les Étrusques.

Questions de recherche

1. Comment décrirais-tu le fait d'être un héros grec ?
2. Quelle est votre opinion sur les noms des héros grecs ?
3. Avez-vous déjà rencontré une statue d'un dieu ou d'une déesse grecque ?

Ajax le Grand

Un héros de la guerre de Troie et roi de Salamine.

Parmi les guerriers grecs qui assiégeaient Troie, Ajax le Grand se classait juste derrière Achille en termes de force et de courage. Il était le fils de Télamon et le demi-frère de Teucer. Homère, dans l'Iliade, le décrit comme étant d'une stature gigantesque.

À la mort d'Achille, Ajax, le plus courageux des Grecs, réclame l'armure d'Achille. Le prix, cependant, est allé à Ulysse (Ulysse) comme le plus sage. Ajax était tellement enragé qu'il devint fou et se tua. Son histoire est racontée par le dramaturge grec Sophocle dans la tragédie Ajax.

Un autre héros grec du même nom était le "Petit" Ajax, fils d'Oileus, roi de Locris. Il était de petite taille mais courageux et habile au lancer de la lance.

Seul Achille pouvait courir plus vite. Comme Ajax le Grand, il était l'ennemi d'Ulysse. Vantard et arrogant, il défie même les dieux. En punition de son comportement irréfléchi, il a fait naufrage et s'est noyé lors d'un voyage de retour de Troie.

Questions de recherche

1. Quel héros grec pensez-vous être le plus sympathique ?
2. Si un héros ou un demi-dieu grec devait choisir une chose sur cette terre pour conférer avec elle, que voterait-il ?
3. Avez-vous envisagé d'être immortel et de vivre éternellement comme les dieux grecs ?

Daedalus

Un créateur d'un labyrinthe en forme de labyrinthe.

Dédale était un artisan habile. Plus tard, on a dit qu'il était le premier sculpteur à réaliser des statues aux yeux ouverts et dont les bras dépassent du corps.

On attribue également à Dédale l'invention de l'alène, du biseau et d'autres outils. Dans l'Antiquité, de nombreux temples et statues en bois en Grèce et en Italie étaient considérés comme son œuvre.

Lorsque Perdix, le neveu de Dédale, inventa la scie et le tour de potier, Dédale devint si jaloux qu'il poussa Perdix de l'Acropole d'Athènes. Après s'être enfui en Crète, où régnait le roi Minos, Dédale a construit le labyrinthe pour enfermer le Minotaure, un monstre mi-homme, mi-taureau.

Dédale a ensuite offensé le roi Minos, et lui et son fils Icare ont été emprisonnés. Dédale a fabriqué des ailes en plumes et en cire pour qu'ils puissent s'échapper en volant au-dessus de la mer. Icare s'est approché trop près du soleil. Sa chaleur a fait fondre la cire et il s'est noyé.

1. Si vous pouviez avoir un assistant personnel issu de n'importe quel mythe, qui serait-il et pourquoi ?
2. Quelles sont vos façons préférées d'honorer les dieux grecs ?
3. Comment pensez-vous que les humains ont été affectés par la proximité des divinités grecques ?

Jason
Chef des Argonautes.

Jason a mené avec succès une bande de héros, connus sous le nom d'Argonautes, pour récupérer la Toison d'or, la laine dorée d'un bélier.

Jason était le fils d'Aeson, le roi d'Iolcos en Thessalie, dans ce qui est aujourd'hui le nord de la Grèce. Alors que Jason était encore un enfant, son oncle Pélias s'empare du trône. Pour sa sécurité, Jason a été envoyé au loin pour être élevé par Chiron, un Centaure. Jason est revenu à Iolcos lorsqu'il était un jeune homme.

Pélias promet de se retirer et de laisser Jason devenir roi, comme le veut son droit d'héritage, si Jason lui apporte la Toison d'or - une tâche apparemment impossible. La toison était conservée dans la lointaine Colchide et était gardée par un dragon qui ne dormait jamais.

Après de nombreuses aventures, Jason s'empare de la toison avec l'aide de l'enchanteresse Médée. Jason épouse Médée. A leur retour à Iolcos, Médée tue Pélias. Elle et Jason sont alors chassés par le fils de Pélias et doivent se réfugier chez le roi Créon de Corinthe.

Lorsque Jason a quitté Médée pour la fille de Créon, Médée a tué ses propres enfants de Jason. La désertion de Médée par Jason et ses conséquences ont fait l'objet de la pièce tragique Médée d'Euripide.

---

1. Quelles sont les quêtes les plus marquantes réalisées par des héros à la recherche d'un objet ou d'une information dans le royaume d'Hadès, connu pour avoir été gardé par des monstres ?
2. Quelle est la chose la plus folle qu'une divinité ou un héros ait faite ou à laquelle il ait participé ?
3. Pensez-vous que tous les dieux grecs ont été dépouillés de leurs pouvoirs par les humains une fois que nous sommes devenus plus avancés ?

Odysseus
Un héros et roi d'Ithaque.

Certains écrivains romains avaient tendance à dénigrer Ulysse en tant que destructeur de la ville mère de Rome, Troie. D'autres auteurs romains (comme Horace et Ovide) l'admiraient.

Le héros du poème épique d'Homère, l'Odyssée, est Ulysse. Il est l'un des personnages les plus fréquemment représentés dans la littérature occidentale. Après avoir combattu pendant une dizaine d'années dans la guerre de Troie, Ulysse a dû endurer une dizaine d'années supplémentaires d'errance et d'aventures avant de retrouver sa maison et sa famille.

Homère l'a dépeint comme un homme d'une sagacité, d'une ingéniosité, d'un courage et d'une endurance exceptionnels. Le nom d'Ulysse en anglais est Ulysses.

Selon Homère, Ulysse était roi d'Ithaque, l'une des îles ioniennes. Ses parents étaient Laertes et Anticléia. La femme d'Ulysse était Pénélope, et ils ont eu un fils, Télémaque. (Dans la tradition ultérieure, Ulysse était plutôt le fils de Sisyphe et a engendré des fils avec Circé, Calypso et d'autres).

Ulysse apparaît également dans le poème épique d'Homère, l'Iliade, qui porte sur la guerre de Troie. Dans ce poème, Ulysse joue un rôle de premier plan dans la réconciliation entre les héros grecs Agamemnon et Achille.

La bravoure et l'habileté d'Ulysse au combat sont démontrées à plusieurs reprises. Sa témérité se manifeste notamment dans l'expédition nocturne qu'il entreprend avec Diomède contre les Troyens.

L'Odyssée décrit comment Ulysse a réalisé la prise de Troie, qui a mis fin à la guerre. Il a demandé aux soldats grecs de se cacher dans un énorme cheval de bois creux (le cheval de Troie). Lorsque les Troyens ont amené le cheval à l'intérieur de la ville fortifiée, les guerriers sont sortis en masse et ont ouvert les portes au reste des soldats grecs.

Les pérégrinations d'Ulysse après la guerre et la récupération de sa maison et de son royaume constituent le thème central de l'Odyssée. Après avoir quitté Troie, Ulysse arrive au pays des mangeurs de lotus, une tribu qui se nourrit d'une plante mystérieuse.

Avec difficulté, il sauve certains de ses compagnons, qui sont drogués après avoir mangé la plante. Ulysse rencontre alors le cyclope Polyphème, fils de Poséidon, qu'il rend aveugle. Ulysse s'échappe de la grotte de Polyphème en s'accrochant au ventre d'un bélier.

Ulysse et ses compagnons arrivent ensuite sur l'île des Laestrygones, qui sont des géants cannibales. Ils détruisent 11 des 12 navires d'Ulysse.

Dans le navire restant, Ulysse et ses compagnons survivants arrivent sur l'île de l'enchanteresse Circé. Elle transforme certains de ses hommes en cochons, et il doit les sauver.

Ensuite, Ulysse visite le pays des morts, où il parle à l'esprit d'Agamemnon et au voyant aveugle Tirésias. De Tirésias, Ulysse apprend comment éviter la colère de Poséidon, qui lui en veut d'avoir tué Polyphème.

Au cours de son voyage, Ulysse croise les Sirènes, Scylla et Charybde, des créatures qui tentent de le détruire, lui et son équipage. Sur une île du dieu soleil Hélios, les hommes rencontrent le bétail du dieu, le bétail du soleil. Malgré les avertissements, les compagnons d'Ulysse tuent le bétail pour se nourrir. Seul, Ulysse survit à la tempête qui s'ensuit. Il atteint ensuite l'île de la nymphe Calypso. Elle le retient prisonnier sur l'île pendant sept ans avant qu'Athéna et Hermès ne lui viennent en aide.

Ulysse quitte enfin Calypso et arrive enfin chez lui à Ithaque. Pendant ce temps, Pénélope (sa femme) et Télémaque (son fils) ont lutté pour maintenir leur autorité pendant son absence de presque 20 ans. Plus de 100 prétendants ont fait pression sur Pénélope pour qu'elle se remarie. En attendant qu'elle se décide entre eux, ces hommes sont restés dans la maison d'Ulysse - mangeant, buvant et s'amusant.

Lorsqu'Ulysse arrive chez lui, il n'est d'abord reconnu que par son chien fidèle et une infirmière. Il prouve son identité avec l'aide d'Athéna. Pour confirmer qu'il est bien Ulysse, Pénélope lui fait tendre et tirer avec son vieil arc.

Puis, avec l'aide de Télémaque et de deux esclaves, Ulysse tue tous les prétendants de Pénélope. Pénélope ne croit toujours pas Ulysse et lui fait passer une nouvelle épreuve. Mais enfin, elle sait que c'est lui et l'accepte comme son mari perdu depuis longtemps et comme roi d'Ithaque. (Pour un récit plus détaillé des aventures d'Ulysse.

Dans l'œuvre d'Homère, Ulysse a de nombreuses occasions de montrer son talent pour les ruses et les tromperies. En même temps, il est constamment courageux, loyal et généreux. De nombreux autres auteurs grecs et romains ont également dépeint Ulysse. Ils l'ont présenté tantôt comme un politicien sans scrupules, tantôt comme un homme d'État sage et honorable. Les philosophes ont généralement admiré son intelligence et sa sagesse.

Figure littéraire durable, Ulysse a été traité par de nombreux autres auteurs ultérieurs, dont William Shakespeare (dans Troilus and Cressida),

Níkos Kazantzákis (dans The Odyssey : A Modern Sequel), et
(métaphoriquement) par James Joyce (dans Ulysse) et Derek Walcott
(dans Omeros).

---

1. Quelles sont les trois choses que tu as apprises sur Ulysse ?
2. Quels sont les meilleurs livres sur la mythologie grecque, et qui les a écrits ?
3. A ton avis, comment étaient les dieux grecs quand ils étaient enfants ?

Orphée

Un musicien et poète légendaire qui a tenté de récupérer sa femme décédée dans les Enfers.

Le héros Orphée était un poète et un musicien qui chantait et jouait une musique si belle que tous ceux qui l'entendaient étaient enchantés. Les animaux, les arbres et même les rochers se déplaçaient autour de lui au rythme de sa musique.

Orphée jouait de la lyre, un instrument ressemblant à une harpe qui lui avait été donné par le dieu Apollon. La plupart des légendes racontent que la mère d'Orphée était l'une des Muses ; le plus souvent, il s'agit de Calliope, la protectrice de la poésie épique. Son père est généralement considéré comme Oeagrus, un roi de Thrace.

La femme d'Orphée était Eurydice. Mais peu après leur mariage, elle fut mordue par un serpent et mourut. Accablé de chagrin, Orphée descendit courageusement aux Enfers, le royaume souterrain des morts, pour tenter de la ramener à la vie.

Orphée utilisait sa musique pour charmer Charon, le passeur qui faisait traverser le Styx aux morts, et Cerbère, le chien à trois têtes qui gardait les portes des enfers, afin qu'ils le laissent passer. Orphée a ensuite fait appel en chanson à Hadès et Perséphone, les souverains des enfers.

Émus par la dévotion d'Orphée pour sa femme et par sa musique, ils ont permis à Eurydice de revenir à la vie. Il y avait une condition : il ne devait pas se retourner vers elle avant qu'ils ne soient sortis des enfers.

Orphée a ramené Eurydice de l'ombre des enfers au royaume des vivants. Ils étaient presque arrivés quand Orphée a vu la lumière du soleil du monde d'en haut.

Sur une impulsion, il se retourne, soit pour s'assurer qu'Eurydice est toujours avec lui, soit pour partager son plaisir avec elle. À cet instant, elle disparut, mourant une seconde fois. Orphée est resté seul et inconsolable.

Orphée a ensuite été tué par des femmes en Thrace. Les légendes sur sa mort varient. Certaines racontent qu'il a été mis en pièces par des maenades frénétiques, des femmes dévouées au dieu Dionysos, parce qu'Orphée préférait adorer Apollon plutôt que Dionysos.

Les Muses enterrèrent les membres d'Orphée, et sa lyre fut placée dans le ciel sous le nom de Lyre, une constellation d'étoiles. Sa tête, qui chantait toujours, a flotté jusqu'à l'île de Lesbos. Là, la tête prononça des prophéties, devenant l'oracle d'Orphée.

On pense qu'Orphée a inspiré un mouvement religieux dans la Grèce antique. Ses adorateurs pratiquaient des rites secrets, censés être basés sur les enseignements et les chants d'Orphée. Cette religion à mystères orphique s'intéressait particulièrement à la vie après la mort et à la purification des péchés.

La légende d'Orphée a inspiré les artistes et les écrivains depuis l'Antiquité. Le personnage est présent dans de nombreuses œuvres d'art, de littérature et de musique, notamment dans les opéras de Claudio Monteverdi, Christoph Gluck et Jacques Offenbach, ainsi que dans le film Orphée noir (1959) du réalisateur brésilien Marcel Camus.

Questions de recherche

1. Avez-vous déjà lu l'expérience d'un des héros grecs les moins connus ?
2. Est-ce qu'une culture ou une religion spécifique vous inspire à vouloir un travail qui implique l'éducation sur la façon dont les gens vivent/ pensent dans le monde ?
3. Comment expliqueriez-vous le concept de héros grec à quelqu'un qui n'en a jamais entendu parler ?

Perseus

Fils de Zeus, roi fondateur de Mycènes et meurtrier de la gorgone Méduse.

Persée est le jeune héros qui a tué Méduse, l'une des redoutables Gorgones qui transformaient en pierre quiconque osait les regarder. Persée était le fils de Zeus, roi des dieux, et de Danaé, la belle fille d'Acrisius, roi d'Argos.

Acrisius avait banni la mère et le fils car un oracle avait dit que le fils de Danaë le tuerait un jour. Polydectes était le roi de l'île où Danaé et Persée avaient été transportés sous la conduite de Zeus.

Le roi courtise Danaë, mais sait qu'il devra se débarrasser de Persée avant de pouvoir gagner la main de Danaë. Il envoya donc le jeune homme rapporter la tête de Méduse, pensant que Persée serait tué.

Médusa était l'une des trois terribles sœurs appelées Gorgones. Elles avaient des ailes en cuir, des griffes d'airain et des serpents venimeux à la place des cheveux. Toute personne qui les regardait se transformait en pierre. Mais Persée a été aidé par les dieux. Athéna lui a prêté son bouclier poli et brillant, et Hermès lui a donné une épée magique. Persée arriva au pays de la nuit où vivaient les trois sœurs grises (les Graeae). Elles n'avaient qu'un œil et une dent. Elles refusèrent d'aider Persée, mais il vola leur œil et ne le rendit que lorsqu'elles lui dirent où trouver les Gorgones.

Muni de sandales ailées qui lui permettaient de voler, du casque d'Hadès qui le rendait invisible et d'un sac dans lequel il dissimulait la tête, il repartit et finit par trouver les trois Gorgones endormies. Il revêtit sa coiffe de ténèbres et s'approcha. Se posant, il regarda dans son bouclier brillant, évitant ainsi de regarder directement les Gorgones. D'un coup d'épée, il a coupé la tête de Méduse.

Sur le chemin du retour, Persée rencontra la belle jeune fille Andromède, enchaînée à un rocher et laissée à dévorer par un monstre marin. Persée attendit à ses côtés et lorsque le monstre apparut, il lui coupa la tête.

Ses parents, Céphée et Cassiopée, se réjouissent et donnent Andromède en mariage à Persée. Persée rentra chez lui et sauva sa mère en transformant Polydectes et ses partisans en pierre à la vue de la tête de Méduse.

Persée donne la tête de la Gorgone à Athéna, qui la place sur son bouclier, et il accompagne sa mère à Argos. Plus tard, alors que Persée lançait le disque lors d'un grand concours d'athlétisme, celui-ci fit une embardée et tomba parmi les spectateurs, tuant accidentellement son grand-père Acrisius et réalisant ainsi la prophétie.

Après sa propre mort, Persée fut emporté dans le ciel par son père Zeus, tout comme Andromède, Cassiopée et Céphée. Ils y devinrent des constellations, conformément aux anciens mythes grecs.

Questions de recherche

1. Avez-vous déjà vu quelque chose d'étrange ou d'inexplicable se produire qui avait un lien évident avec les anciens dieux de la Grèce ?
2. Comment décririez-vous les histoires grecques à une personne qui n'y connaît encore rien ?
3. Que pensez-vous des héros grecs dans la culture populaire ?

Thésée

Le roi d'Athènes et le tueur du Minotaure.

Le héros Thésée, fils d'Égée, roi d'Athènes, est né et a été élevé dans un pays lointain. Sa mère ne l'envoya à Athènes que lorsqu'il fut un jeune homme capable de soulever une pierre sous laquelle son père avait placé une épée et une paire de sandales.

Lorsque Thésée arriva à Athènes après de nombreuses aventures, il trouva la ville en grand deuil. Il était de nouveau temps d'envoyer à Minos, roi de Crète, le tribut annuel de sept jeunes gens et sept jeunes filles qui devaient être dévorés par le Minotaure.

C'était un terrible monstre, mi-humain, mi-taureau. Thésée s'est proposé comme l'une des victimes, espérant qu'il serait capable de tuer le monstre.

Lorsqu'il arriva en Crète, Ariane, la belle fille du roi, tomba amoureuse de lui. Elle l'aida en lui donnant une épée, avec laquelle il tua le Minotaure, et une pelote de fil, avec laquelle il put trouver son chemin hors du labyrinthe sinueux où le monstre était enfermé.

Thésée avait promis à son père que s'il réussissait dans sa quête, il hisserait des voiles blanches sur son navire à son retour ; il avait des voiles noires à son départ. Il oublia sa promesse. Le roi Égée, voyant les voiles noires, pensa que son fils était mort et se jeta à la mer.

La mer a depuis été appelée la mer Égée en son honneur. Thésée est ensuite devenu le roi des Athéniens. Il réunit les communautés villageoises de la plaine de l'Attique en une nation forte et puissante.

Thésée a été tué par traîtrise lors d'une révolte des Athéniens. Par la suite, sa mémoire a fait l'objet d'un grand respect. Lors de la bataille de Marathon en 490 av. J.-C., de nombreux Athéniens ont cru voir son esprit les guider contre les Perses.

Après les guerres perses, l'oracle de Delphes ordonna aux Athéniens de retrouver la tombe de Thésée sur l'île de Skyros, où il avait été tué, et de ramener ses ossements à Athènes. Les instructions de l'oracle furent respectées. En 469 avant J.-C., les restes supposés de Thésée furent ramenés à Athènes. La tombe du grand héros devint un lieu de refuge pour les pauvres et les opprimés de la ville.

Questions de recherche

1. Y a-t-il des dieux, demi-dieux et héros grecs qui sont encore vénérés aujourd'hui ?
2. Quels étaient les symboles que les Grecs anciens associaient à leurs principaux dieux et déesses ?
3. Selon les Grecs anciens, qu'est-ce qui causait les catastrophes naturelles comme les orages et les ouragans ?

Femmes célèbres

Arachne

Une habile tisseuse, transformée par Athéna en araignée pour son blasphème.

Arachné était une femme qui savait tisser. Elle a osé défier Athéna - déesses de l'artisanat comme le tissage, de la guerre et de la sagesse - dans un concours de tissage.

Arachné était la fille d'Idmon de Colophon en Lydie, un teinturier qui utilisait la teinture pourpre. Lors du concours de tissage avec Athéna, Arachné tissa une tapisserie montrant les amours des dieux. Athéna a produit une tapisserie montrant les dieux dans toute leur majesté. Selon l'histoire, la déesse était soit furieuse de la perfection de l'œuvre de sa rivale, soit offensée par son sujet.

Athéna déchira la tapisserie d'Arachné en morceaux, et par désespoir Arachné se pendit. Mais par pitié, la déesse détacha la corde, qui devint une toile d'araignée, et Arachné fut transformée en araignée.

Arachne signifie "araignée" en grec, et la classe zoologique à laquelle appartiennent les araignées s'appelle Arachnida. L'histoire d'Arachné est racontée par Ovide dans ses Métamorphoses.

1. Qui a été la première femme olympique ?
2. Quelle est la chose la plus cool qu'une divinité ait faite et qui ait eu lieu parce qu'elle était un dieu/déesse ?
3. Connaissez-vous des mythes ou des légendes d'autres cultures qui ont des dieux ou des croyances sur la vie après la mort similaires à ceux de la culture grecque ?

Cassandra

Une princesse de Troie, qui a reçu la malédiction de voir l'avenir mais de ne jamais être crue.

Cassandre était une prophétesse dont le destin était de prédire correctement les événements futurs mais de ne jamais être écoutée ou crue. Elle était la fille de Priam, le dernier roi de Troie, et de sa femme Hécube.

Le dieu Apollon tombe amoureux de Cassandre et lui offre le don de prédire l'avenir en échange de son amour. Cassandre accepta le marché et reçut le don d'Apollon, mais refusa ensuite de tenir sa parole.

En représailles, Apollon l'a maudite afin que ses prophéties ne soient jamais crues. En effet, elle a correctement prédit des événements tels que la chute de sa propre ville, Troie, lors de la guerre de Troie (la guerre relatée dans l'Iliade d'Homère) et la mort d'Agamemnon, mais personne ne l'a écoutée.

Après la prise de Troie par les Grecs, Cassandre fait partie du butin de guerre et est emmenée par Agamemnon. Elle a été assassinée avec lui lorsqu'il est retourné en Grèce.

1. Pensez-vous que la mythologie devrait être proposée dans les programmes scolaires ? Si oui, pour quels groupes d'âge ?
2. Selon vous, quels sont les dieux et déesses grecs les plus surestimés et les plus sous-estimés ?
3. Pensez-vous que certains Grecs sont incompris ou sous-estimés ? Pourquoi pensez-vous cela ?

Helen

Fille de Zeus et de Léda, dont l'enlèvement a provoqué la guerre de Troie.

Selon la légende grecque, Hélène de Troie était la plus belle femme du monde. Elle était l'épouse de Ménélas, roi de Sparte. Aphrodite, la déesse de l'amour, l'a promise à Pâris, fils du roi Priam de Troie, pour récompenser Pâris d'avoir jugé Aphrodite la plus belle des déesses.

Pendant l'absence de Ménélas, Pâris persuade Hélène de fuir avec lui à Troie. Agamemnon, le frère de Ménélas, mène une expédition contre Troie pour récupérer Hélène.

Cela a déclenché la guerre de Troie, au cours de laquelle Pâris a été tué. Lorsque les Grecs ont finalement pris Troie, Ménélas a ramené Hélène à Sparte. Le poète grec Homère a raconté l'histoire d'Hélène et de la guerre de Troie dans son Iliade.

1. Comment les mythes et récits grecs influencent-ils votre vision du monde qui vous entoure dans la société d'aujourd'hui ?
2. Lesquels de ces dieux vous sont les moins familiers et pourquoi pensez-vous qu'il est difficile de les connaître ?
3. Expliquez dans vos propres mots la différence entre un dieu et une déesse - pas seulement des termes féminins pour des termes masculins, mais des différences spécifiques.

Medea

Une sorcière et épouse de Jason, qui a tué ses propres enfants pour punir Jason de son infidélité.

Médée était une sorcière qui aidait Jason, le chef d'un groupe de héros appelé les Argonautes. Elle l'a aidé à obtenir la Toison d'or (laine de bélier en or) de son père, le roi Aeëtes de Colchide.

Médée était une déesse et avait le don de prophétie. Elle est tombée amoureuse de Jason et a utilisé ses pouvoirs magiques et ses conseils pour l'aider à tromper son père et à obtenir la toison. En échange, Jason l'a épousée et l'a ramenée en Grèce avec lui.

Plusieurs auteurs antiques ont écrit sur Médée. La pièce Médée du dramaturge grec Euripide reprend l'histoire à un stade ultérieur. Jason et Médée avaient déjà fui la Colchide avec la toison. Ils avaient été chassés d'Iolcos à cause de la vengeance de Médée contre le roi Pélias d'Iolcos (qui avait envoyé Jason chercher la toison).

La pièce se déroule à l'époque où Jason et Médée vivaient à Corinthe. Jason abandonne Médée pour la fille du roi Créon de Corinthe. Pour se venger, Médée assassine Créon, sa fille et les deux fils qu'elle a eus de Jason et se réfugie chez le roi Égée d'Athènes. Sénèque, homme d'État et dramaturge romain, a basé sa tragédie Médée sur le drame d'Euripide.

Médée est également l'héroïne d'un certain nombre d'œuvres modernes. Il s'agit notamment de pièces du dramaturge autrichien du XIXe siècle Franz Grillparzer et du dramaturge français du XXe siècle Jean Anouilh.

Le compositeur italo-français Luigi Cherubini (1797) et le compositeur français Darius Milhaud (1939) ont également mis en scène Médée dans des opéras. Les auteurs ont continué à utiliser les thèmes du mythe de Médée au début du 21e siècle.

Questions de recherche

---

1. Qui sont les membres les plus célèbres de la Grèce antique ?
2. Quelle est la chose que vous aimeriez que les dieux grecs fassent pour vous rendre la vie un peu plus facile ?
3. Pensez-vous que les Grecs anciens seraient fiers des mythes qui existent encore aujourd'hui, s'ils étaient vivants ?

Méduse

Une femme mortelle transformée en une hideuse gorgone par Athéna.

Méduse était la plus célèbre des figures monstrueuses connues sous le nom de Gorgones. Homère, l'auteur présumé de l'Iliade et de l'Odyssée, qui a prospéré au 9e ou 8e siècle avant J.-C., a parlé d'une seule Gorgone, un monstre des enfers.

Le poète grec Hésiode, qui a vécu vers 700 avant J.-C., a porté le nombre de Gorgones à trois - Théno (la Puissante), Euryale (la Printemps lointain) et Méduse (la Reine) - et en a fait les filles du dieu de la mer Phorcys et de sa sœur-épouse Ceto.

Dans l'art primitif, les Gorgones étaient généralement représentées comme des créatures féminines ailées dont les têtes chevelues étaient en fait des serpents. Leurs visages étaient grotesques et ronds, et leurs langues pendaient. À des époques plus tardives, cependant, Méduse - contrairement aux autres Gorgones - était parfois représentée comme très belle, mais toujours très mortelle.

Médusa était la seule des Gorgones à être mortelle. Elle fut tuée par Persée, qui lui coupa la tête. Du sang qui jaillit de son cou naquirent

Chrysaor et Pégase (le cheval ailé), ses deux fils nés du dieu de la mer Poséidon. La tête coupée était tout aussi mortelle et pouvait transformer en pierre quiconque la regardait. Elle fut donnée à Athéna, qui la plaça dans son bouclier. Selon un autre récit, Persée aurait enterré la tête sur la place du marché d'Argos.

Héraclès (Hercule) aurait obtenu d'Athéna une mèche de cheveux de Méduse (qui possédait les mêmes pouvoirs que la tête). Il la donna à Sterope, la fille de Céphée, pour protéger la ville de Tegea contre une attaque. Exposée à la vue de tous, la mèche était censée déclencher une tempête qui faisait fuir l'ennemi.

Questions de recherche

1. Pourquoi parle-t-on encore des dieux grecs alors qu'ils ne sont plus en charge des catastrophes naturelles ?
2. Devrait-il y avoir une réincarnation de ces vieux dieux pour s'assurer que les choses se passent correctement ?
3. Que pensez-vous des femmes de la Grèce antique ?

Pandora
La première femme sur Terre

Dans la mythologie grecque, Pandore était la première femme sur Terre. Lorsque vint le temps de peupler la Terre, les dieux déléguèrent la tâche à Prométhée et à son frère Épiméthée. Epiméthée (dont le nom signifie "réflexion après coup" ou "rétrospective") commença par les animaux, auxquels il donna tous les meilleurs dons - force et rapidité, ruse, et la protection de la fourrure et des plumes.

Trop tard, Epiméthée se rendit compte qu'il ne restait plus aucune qualité pour que l'humanité soit à la hauteur des bêtes. Après que Prométhée (" prévoyance ") ait volé le feu du ciel et l'ait donné aux mortels, Zeus, en colère, décida de contrecarrer ce bienfait.

Zeus ordonna à Héphaïstos de façonner une femme à partir d'argile et la para des cadeaux de tous les dieux. Aphrodite lui donna la beauté, Hermès la persuasion et Athéna l'habileté dans les travaux d'aiguille. Elle fut nommée Pandore ("tous les cadeaux").

Le poète grec antique Hésiode, dans ses Travaux et Jours, raconte que Zeus l'a envoyée sur Terre. C'est là qu'Epiméthée l'épousa, malgré l'avertissement de son frère Prométhée, qui lui avait demandé de ne pas accepter de cadeaux de Zeus.

Pandore a trouvé ou apporté avec elle une jarre mystérieuse. Epiméthée ordonna à Pandore de ne jamais l'ouvrir. Mais secrètement, Pandore enleva le couvercle. Toutes les maladies et tous les maux humains s'envolèrent et couvrirent le monde. Seul l'espoir était retenu à l'intérieur de la jarre.

Selon certaines versions modernes du mythe, Pandore a reçu une boîte, et non une jarre, mais celles-ci résultent soit d'une mauvaise traduction du grec, soit d'une confusion avec un autre mythe.

Questions de recherche

1. Quel est votre mythe préféré impliquant un dieu ou une déesse grecque et une femme que vous connaissez ?
2. Avez-vous une personne grecque célèbre comme modèle ou idole, et si oui, qui est-elle et quels sont ses accomplissements ?

Polyxena

La plus jeune fille du roi de Troie, sacrifiée au fantôme d'Achille.

Polyxena était la fille de Priam, roi de Troie, et de sa femme, Hécube. Après la chute de Troie, elle fut réclamée par le fantôme d'Achille, le plus grand des guerriers grecs, comme sa part du butin et fut donc mise à mort sur sa tombe.

Dans la période post-classique, l'histoire a été élaborée ; on disait qu'une paix avait été conclue et qu'Achille devait épouser Polyxena, mais que Paris l'avait traîtreusement abattu.

Questions de recherche

---

1. Quels sont vos mythes grecs préférés et quel est le rapport avec leur présence dans la culture populaire actuelle ?
2. Que pensez-vous de Troie, et avez-vous déjà lu des articles sur cette ville ?

Kings

Agamemnon

Roi et commandant des armées grecques pendant la guerre de Troie.

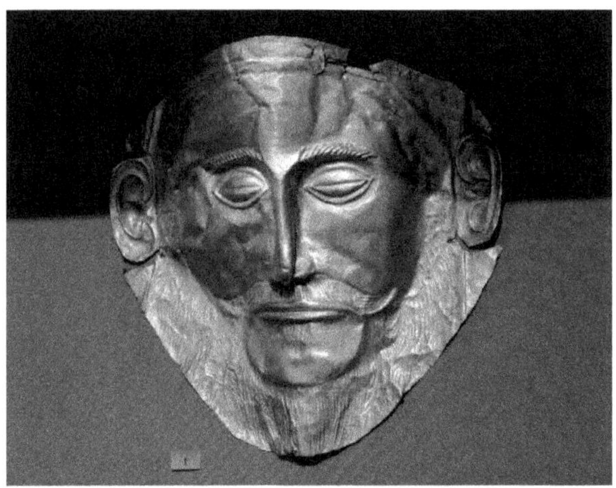

L'essentiel de ce que l'on sait du héros grec antique Agamemnon est raconté dans la légende homérique de l'Iliade et dans les drames d'Eschyle. Fils d'Atreus, roi de Mycènes en Grèce, Agamemnon était probablement un personnage historique, un roi qui régnait soit à Mycènes, soit à Argos, la ville voisine, pendant la guerre de Troie. Il est toutefois impossible de séparer les faits de la légende dans les récits mythiques des Grecs de l'Antiquité.

Les récits racontent qu'Agamemnon était le frère de Ménélas, roi de Sparte, dont la femme, Hélène, fut emmenée à Troie par Pâris, prince de cette ville d'Asie mineure. Cet événement a conduit Agamemnon à rassembler la puissance militaire des cités-États grecques dans une guerre de vengeance.

Après la longue guerre et la destruction de Troie, il rentre chez lui pour retrouver sa femme, Clytemnestre, et sa famille. À son arrivée, il est assassiné soit par sa femme, soit par son amant, Aegisthus.

Pour se venger de cette trahison, le fils d'Agamemnon, Oreste, tue à la fois Clytemnestre et Aegisthus. L'histoire de cette vengeance et de son issue est racontée dans trois pièces d'Eschyle - Agamemnon, Choephoroi et Euménides. Elle est également à la base de l'intrigue de l'Électre de Sophocle et de l'Électre d'Euripide.

Ces trois dramaturges ont vécu au Ve siècle avant Jésus-Christ. Le dramaturge américain du XXe siècle Eugene O'Neill a écrit une adaptation de la légende d'Agamemnon intitulée Mourning Becomes Electra.

1. Quelles sont les caractéristiques d'un roi particulier qui vous intriguent le plus ?
2. À quel roi antique êtes-vous le plus étroitement associé par la façon dont il a géré sa part de problèmes dans la vie ou les conflits auxquels il a été confronté ?

Midas

Un roi de Phrygie a accordé le pouvoir de transformer n'importe quoi en or par simple pression.

Midas est devenu le symbole de la cupidité insensée. Un jour, il a rendu service au dieu Dionysos, et ce dernier lui a promis de lui accorder tout ce qu'il voulait. Selon l'histoire, Midas a demandé que tout ce qu'il touchait se transforme en or.

La demande fut acceptée, mais le roi le regretta bientôt lorsqu'il constata que même sa nourriture se transformait en or. Il dut demander à Dionysos de reprendre son cadeau.

Une autre fois, Midas jugea un concours musical entre Pan et Apollon. Il attribua le prix à Pan et, pour se venger, Apollon lui donna une paire d'oreilles d'âne. Midas cacha ses oreilles d'âne sous un chapeau, mais son barbier découvrit le secret. Le barbier avait envie de le dire mais il avait peur du roi.

Finalement, il a creusé un trou dans le sol et a chuchoté dedans : "Le roi Midas a des oreilles d'âne." Un roseau poussa dans ce trou, et quand le vent soufflait, le roseau murmurait le secret à tout le monde.

1. Avez-vous des mythes favoris ou des histoires que vous aimez raconter lorsque les gens vous demandent quels sont vos intérêts et vos loisirs ?
2. Quels sont les événements récents où des personnes ont invoqué ou utilisé la mythologie grecque dans le cadre de leurs sorts ou rituels magiques ou autres (utilisation future) ?
3. Si ta spécialité à l'école était d'être un dur à cuire, quel dieu grec voudrais-tu prendre comme mentor ?

Oedipus

Un roi de Thèbes destiné à tuer son père et à épouser sa mère.

Œdipe était le nom d'un roi de Thèbes. Au XIXe siècle, son nom a été utilisé pour désigner un complexe psychologique impliquant des désirs refoulés. Le complexe d'Œdipe, basé sur la vie de ce personnage tragique, est une théorie psychanalytique introduite par Sigmund Freud dans son livre L'interprétation des rêves, publié en 1899.

Cette théorie affirme que les individus ont un désir réprimé d'implication sexuelle avec le parent du sexe opposé tout en ressentant une rivalité avec le parent du même sexe.

Selon la légende antique, Laïos, roi de Thèbes et père d'Œdipe, apprit d'un oracle que son propre fils le tuerait. Il a donc percé et lié les pieds du nouveau-né et l'a laissé mourir sur le mont Cithéron. Mais un berger au grand cœur trouva l'enfant et le nomma Œdipe, ce qui signifie "pied enflé".

L'enfant fut amené au roi de Corinthe, qui l'éleva comme son fils. Quand Œdipe a grandi, un oracle lui a dit qu'il devait tuer son père et épouser sa propre mère. Pour échapper à ce destin, il quitta sa maison, car il croyait que le roi de Corinthe était son père.

Sur le chemin de Thèbes, il rencontre Laïos, se dispute avec lui et le tue. A peu près à la même époque, un terrible Sphinx apparut près de Thèbes. Ce monstre posait une énigme à tous ceux qui passaient et les obligeait à la deviner ou à être dévorés. Les Thébains offrirent le trône et la main de la reine Jocaste à celui qui répondrait correctement à l'énigme du monstre.

"Quel est l'animal, demanda le Sphinx lorsqu'Œdipe l'affronta, qui marche sur quatre pattes le matin, sur deux à midi et sur trois le soir ?". Œdipe répondit rapidement : "L'homme, car le matin, l'enfance de sa vie, il rampe à quatre pattes ; à midi, dans la force de l'âge, il marche sur deux pieds ; et, lorsque les ténèbres de la vieillesse l'envahissent, il se sert d'un bâton pour mieux se soutenir en guise de troisième pied." Sur ce, le Sphinx se jeta dans le précipice rocheux et périt.

Œdipe est devenu roi et a été marié à sa mère, Jocaste. Bientôt, le pays fut dévasté par une terrible peste. L'oracle promit un soulagement lorsque le meurtrier de Laïos serait banni. Œdipe apprend alors ce qu'il a fait.

Horrifié, Œdipe s'est arraché les yeux, tandis que sa mère s'est pendue. Paria aveugle et impuissant, Œdipe s'est éloigné avec sa fidèle fille Antigone. Elle s'est occupée de lui jusqu'à sa mort. Le dramaturge grec Sophocle a raconté l'histoire d'Œdipe et de ses enfants dans la grande trilogie d'Œdipe roi, Œdipe à Colone et Antigone.

Questions de recherche

1. Quel est un mythe qui semble intéressant ou amusant mais qui s'avère être faux ?
2. Que pensez-vous d'Œdipe et de son histoire ?

Sisyphe
Un roi qui a tenté de tromper la mort

Sisyphe était un roi rusé de Corinthe. Après sa mort, il a été condamné aux enfers à faire rouler sans fin un rocher en haut d'une colline. Chaque fois que le rocher atteignait le sommet, il redescendait aussitôt, de sorte que Sisyphe ne pouvait jamais terminer sa tâche.

Le poète Homère a décrit le destin de Sisyphe dans l'Odyssée. Plus tard, les légendes grecques ont expliqué pourquoi Sisyphe a été puni : il a trompé la Mort à deux reprises. La première fois que la Mort est venue chercher le roi rusé, Sisyphe l'a enchaîné pour que personne ne puisse mourir.

Le dieu de la guerre Arès finit par sauver la Mort, et Sisyphe mourut et rejoignit les enfers. Il avait cependant demandé à sa femme de ne pas l'enterrer, ni d'effectuer les sacrifices nécessaires aux dieux.

En conséquence, Sisyphe a dû être autorisé à revenir parmi les vivants pour punir sa femme de ses graves omissions. Il retourna chez lui, vécut une seconde fois jusqu'à un âge avancé, puis mourut finalement à nouveau, pour commencer son châtiment éternel.

Sisyphe était une figure très populaire de trickster ou de maître voleur dans le folklore grec antique. Au XXe siècle, l'histoire de ses travaux infructueux dans le monde souterrain a inspiré à Albert Camus Le mythe de Sisyphe : Essai sur l'absurde (1942), qui est un classique de la littérature existentialiste.

1. Que pensez-vous de Sisyphe et de sa punition ?
2. Pouvez-vous l'admirer pour son courage ?

Votre cadeau

Vous avez un livre dans les mains.

Ce n'est pas n'importe quel livre, c'est un livre de Student Press Books ! Nous écrivons sur les héros noirs, les femmes qui prennent le pouvoir, la mythologie, la philosophie, l'histoire et d'autres sujets intéressants !

Puisque vous avez acheté un livre, nous voulons que vous en ayez un autre gratuitement.

Tout ce dont vous avez besoin, c'est d'une adresse électronique et de la possibilité de vous abonner à notre newsletter (ce qui signifie que vous pouvez vous désabonner à tout moment).

Alors, qu'attendez-vous ? Inscrivez-vous dès aujourd'hui et recevez votre livre gratuit instantanément ! Tout ce que vous avez à faire est de visiter le lien ci-dessous et d'entrer votre adresse e-mail. Vous recevrez immédiatement le lien pour télécharger la version PDF du livre afin de pouvoir le lire hors ligne à tout moment.

Et ne vous inquiétez pas, il n'y a pas d'attrape ou de frais cachés, juste un bon vieux cadeau de notre part ici à Student Press Books.

Visitez ce lien dès maintenant et inscrivez-vous pour recevoir votre exemplaire gratuit de l'un de nos livres !

Lien : https://campsite.bio/studentpressbooks

Livres de la presse étudiante

Nos livres sont disponibles chez tous les principaux détaillants de livres en ligne. Découvrez les packs numériques (bundle) de nos livres ici :
https://payhip.com/studentPressBooksFR

La série de livres sur l'Histoire des Noirs.

Bienvenue dans la série de livres sur l'Histoire des Noirs. Découvrez des personnalités Noires exemplaires grâce à ces biographies inspirantes de pionniers d'Amérique, d'Afrique et d'Europe. Nous savons tous que l'Histoire des Noirs est importante, mais il peut être difficile de trouver de bonnes ressources.

Beaucoup d'entre nous connaissent personnages principaux de la culture populaire et des livres d'Histoire, mais nos livres présentent également des héros et héroïnes Noirs moins connus du monde entier, mais dont les histoires méritent d'être racontées. Ces livres de biographies vous aideront à mieux comprendre comment les souffrances et les actions de ces personnes ont façonné leurs pays respectifs et leurs communautés, pour les générations à venir.

Titres disponibles :

1. 21 personnalités noires inspirantes : La vie de personnages historiques du XXe siècle : Martin Luther King Jr., Malcom X, Bob Marley et autres
2. 21 femmes noires exceptionnelles : L'histoire de femmes noires importantes du XXe siècle : Daisy Bates, Maya Angelou et bien d'autres

La série de livres Émancipation des femmes.

Bienvenue dans la série de livres Émancipation des femmes. Découvrez des figures féminines courageuses des temps modernes grâce à ces biographies inspirantes de pionnières du monde entier. L'émancipation des femmes est un sujet important qui mérite plus d'attention qu'il n'en reçoit. Pendant des siècles, on a dit aux femmes que leur place était à la maison, mais cela n'a jamais été vrai pour toutes les femmes, ni même pour la plupart d'entre elles.

Les femmes sont encore sous-représentées dans les livres d'histoire, et celles qui s'y font une place doivent généralement se contenter de quelques pages. Pourtant, l'Histoire regorge de récits de femmes fortes, intelligentes et indépendantes qui ont surmonté des obstacles et changé le cours des choses simplement parce qu'elles voulaient vivre leur propre vie.

Ces livres biographiques vous inspireront tout en vous donnant de précieuses leçons sur la persévérance et le dépassement face à l'adversité ! Apprenez de ces exemples que tout est possible si vous y mettez du vôtre !

Titres disponibles :

1. 21 Femmes d'exception : La vie de combattantes pour la liberté qui ont repoussé les frontières : Angela Davis, Marie Curie, Jane Goodall et bien d'autres
2. 21 femmes inspirantes : la vie de femmes courageuses et influentes du XXe siècle : Kamala Harris, Mère Teresa et bien d'autres
3. 21 femmes extraordinaires : Les vies exemplaires des femmes artistes et créatrices du XXe siècle : Madonna, Yayoi Kusama et bien d'autres
4. 21 femmes de génie : Les vies déterminantes de femmes scientifiques pionnières au XXe siècle

La série de livres Les dirigeants du monde.

Bienvenue dans la série de livres sur les dirigeants du monde. Découvrez des personnages royaux et présidentiels, emblématiques du Royaume-Uni, des États-Unis et d'autres pays. Grâce à ces biographies inspirantes de membres de la famille royale, de présidents et de chefs d'État, vous apprendrez à connaître les personnes courageuses qui ont osé prendre le pouvoir, avec notamment leurs citations, leurs photos et des faits rares.

Les gens sont fascinés par l'histoire et la politique et par ceux qui les ont écrites. Ces livres offrent des perspectives nouvelles sur la vie de personnalités remarquables. Cette série est parfaite pour tous ceux qui veulent en savoir plus sur les grands dirigeants de notre monde ; les jeunes lecteurs ambitieux et les adultes qui aiment se documenter sur des personnages importants.

Titres disponibles :

1. Les 11 familles royales britanniques : La biographie de la famille de la Maison Windsor : La Reine Elizabeth II et le Prince Philip, Harry et Meghan et bien d'autres
2. Les 46 présidents des États-Unis : Leur histoire, leur réussite et leur héritage : de George Washington à Joe Biden
3. Les 46 présidents des États-Unis : Leur histoire, leur réussite et leur héritage — Édition augmentée : de George Washington à Joe Biden

La série de livres Une mythologie passionnante.

Bienvenue dans la série de livres Une mythologie passionnante. Découvrez les dieux et déesses d'Égypte et de Grèce, les divinités nordiques et d'autres créatures mythologiques.

Qui sont ces anciens dieux et déesses ? Que savons-nous d'eux ? Qui étaient-ils vraiment ? Pourquoi les gens les vénéraient-ils dans les temps anciens, et d'où venaient-ils ?

Ces livres offrent des perspectives nouvelles sur les dieux anciens, qui inviteront les lecteurs à réfléchir à leur place dans la société et à s'intéresser plus encore à l'Histoire. Ces livres sur la mythologie abordent également des sujets qui l'ont influencée, tels que la religion, la littérature et l'art, dans un format attrayant avec des photos ou des illustrations accrocheuses.

Titres disponibles :

1. L'Égypte ancienne : Un guide des mystérieux dieux et déesses de l'Égypte ancienne : Amon-Râ, Osiris, Anubis, Horus et bien d'autres
2. La Grèce antique : Un guide des dieux, déesses, divinités, titans et héros de la Grèce classique : Zeus, Poséidon, Apollon et plus encore
3. Anciens contes nordiques : Découvrez les dieux, déesses et géants de la mythologie des Vikings : Odin, Loki, Thor, Freya et plus encore

La série de livres Les grandes théories expliquées.

Bienvenue dans la série de livres **Les grandes théories expliquées**. Découvrez la philosophie, les idées des anciens philosophes et d'autres théories intéressantes. Ces livres réunissent les biographies et les idées des philosophes les plus célèbres de régions telles que la Grèce et la Chine antiques.

La philosophie est un sujet complexe, et de nombreuses personnes ont du mal à en comprendre ne serait ce que les bases. Ces livres sont conçus pour vous aider à en savoir plus sur la philosophie, ils sont uniques en raison de leur approche simple. Il n'a jamais été aussi facile et amusant d'acquérir une meilleure compréhension de la philosophie qu'avec ces livres. En outre, chaque livre comprend des questions afin que vous puissiez approfondir vos propres pensées et opinions !

Titres disponibles :

1. Philosophie grecque : La vie et les idées des philosophes de la Grèce antique : Socrate, Platon, Pythagore et bien d'autres
2. Éthique et morale : Philosophie morale, bioéthique, défis médicaux et autres idées éthiques

La série de livres Inspiration des futurs entrepreneurs.

Bienvenue dans la série de livres **Inspiration des futurs entrepreneurs**. Il n'est jamais trop tôt pour que les jeunes ambitieux commencent leur carrière ! Que vous ayez l'esprit d'entreprise et que vous cherchiez à bâtir votre propre empire, ou que vous soyez un entrepreneur en herbe qui commence à emprunter une route longue et ardue, ces livres vous inspireront grâce aux histoires d'hommes d'affaires qui ont réussi.

Découvrez leurs vies, leurs échecs et leurs réussites qui vous donneront envie de prendre le contrôle de votre existence au lieu de simplement la regarder passer !

Titres disponibles :

1. 21 entrepreneurs à succès : La vie des grands fondateurs du XXe siècle : Elon Musk, Steve Jobs et bien d'autres
2. 21 entrepreneurs révolutionnaires : Les vies incroyables des hommes d'affaires du XIXe siècle : Henry Ford, Thomas Edison et bien d'autres

La série de livres L'Histoire facile.

Bienvenue dans la série de livres L'Histoire facile. Explorez divers sujets historiques, de l'âge de pierre jusqu'à l'époque moderne, ainsi que les idées et les personnages marquants qui ont traversé les âges.

Ces livres sont un excellent moyen d'éveiller votre intérêt pour l'histoire. Les manuels scolaires, secs et ennuyeux, rebutent souvent les lecteurs, car ils aiment les histoires de gens ordinaires qui ont changé le monde. Ces livres vous donnent l'opportunité de les découvrir tout en vous fournissant les informations historiques importantes.

Titres disponibles :

1. La Première Guerre mondiale : La Première Guerre mondiale, ses grandes batailles, les personnages et les forces en présence
2. La Deuxième Guerre mondiale : L'Histoire de la Seconde Guerre mondiale, Hitler, Mussolini, Churchill et autres personnages clés

3. L'Holocauste : Les Nazis, la montée de l'antisémitisme, la Nuit de Cristal et les camps de concentration d'Auschwitz et de Bergen-Belsen.
4. La Révolution française : L'Ancien Régime, Napoléon Bonaparte, la Révolution française, les guerres napoléoniennes et de Vendée

Nos livres sont disponibles chez tous les principaux détaillants de livres en ligne. Découvrez les packs numériques (bundle) de nos livres ici : https://payhip.com/studentPressBooksFR

Conclusion

Vous venez de découvrir les dieux et déesses de la Grèce antique. Nous espérons que vous avez apprécié ce livre !

Vous commencerez peut-être à reconnaître certains schémas dans les histoires et les personnages que vous avez rencontrés. Ce serait une bonne idée de noter ces pages en signet afin de vous y référer plus tard si quelque chose de bizarre se produit. Pour vous faire une idée de tous ces contes étranges, nous vous recommandons de relire notre livre au moins une fois de plus, car nous avons encore beaucoup de choses à partager avec vous !

Lorsqu'il s'agit des dieux, il existe de nombreux points de vue sur ce qu'ils sont, ou sur la manière dont nous devons les vénérer. Les divinités grecques existent depuis des milliers d'années, et leurs histoires ont été racontées par des écrivains et des artistes depuis des siècles. C'est pourquoi certains de ces contes peuvent être si étranges — mais aussi parfois nous faire rire !

Avez-vous aimé cette lecture éducative ? Qu'en avez-vous pensé ? Faites-le-nous savoir avec un beau commentaire sur ce livre !

Nous en serions ravis, alors n'oubliez pas d'en laisser un !